武汉市财政学校课程训练体系丛书

税费计算与申报课程训练

张 容◎主编

U0832928

中国财经出版传媒集团
中国财政经济出版社

图书在版编目（CIP）数据

税费计算与申报课程训练/张容主编．—北京：中国财政经济出版社，2019．1
（武汉市财政学校课程训练体系丛书）
ISBN 978－7－5095－8783－6

Ⅰ．①税…　Ⅱ．①张…　Ⅲ．①税费－计算－中等专业学校－习题集－升学参考资料 ②纳税－税收管理－中国－中等专业学校－习题集－升学参考资料　Ⅳ．①F810．423－44 ②F812．42－44

中国版本图书馆 CIP 数据核字（2019）第 014038 号

责任编辑：王佳欣
封面设计：育林华夏

内容提要

本书是根据湖北省最新公布的《2019 年湖北省普通高等学校招收中等职业学校毕业生技能高考财经类技能考试大纲》，结合 2019 年全国会计专业技术资格考试《经济法基础考试大纲》的要求，以同济大学出版社出版的“十三五”财经类教学改革创新型规划精品教材《税费计算与申报》为蓝本，以项目教学目标为依据进行编写的。习题的选编，兼顾上述两个大纲的要求，体现“以服务为宗旨，以就业为导向”的职业教育办学方针，遵循培养高素质劳动者的目标，突出重点知识，注重双基训练。

本书内容包括：办税基本程序、增值税、消费税、企业所得税、个人所得税、印花税。本课程训练选取教材中重点章节，按照教材的章节顺序，以节为单位进行编写。每个项目前面配有知识结构和知识点及学习要求，题型分为选择题、填空题、判断题和计算题四种，部分项目配备了测试题。

中国财政经济出版社 出版

URL：http：//www. cfeph. cn

E－mail：cfeph @ cfemg. cn

社址：北京市海淀区阜成路甲 28 号　邮政编码：100142

营销中心电话：010－88191537

北京富生印刷厂印刷　各地新华书店经销

787×1092 毫米　16 开　6．25 印张　144 000 字

2019 年 1 月第 1 版　2019 年 9 月北京第 2 次印刷

定价：18．00 元

ISBN 978－7－5095－8783－6

（图书出现印装问题，本社负责调换）

本社质量投诉电话：010－88190744

打击盗版举报热线：010－88191661　QQ：2242791300

前言

为了帮助学生更好地学习和掌握“税费计算与申报”这门课程，根据湖北省最新公布的《2019年湖北省普通高等学校招收中等职业学校毕业生技能高考财经类技能考试大纲》，结合2019年全国会计专业技术资格考试《经济法基础考试大纲》的要求，以同济大学出版社出版的“十三五”财经类教学改革创新型规划精品教材《税费计算与申报》为蓝本，以项目教学目标为依据编写了本书。

本书的编写涉及五大主要税种：增值税、消费税、企业所得税、个人所得税和印花税。本着方便教师教学和利于学生循序渐进地学习的目的，本书以知识点为单位进行编写，针对每一个知识点设计了选择题、填空题、判断题和计算题四种题型。为帮助学生建立系统的知识结构体系，在每个项目前编写了知识结构和知识点及学习要求，部分项目配了测试题。

本书由武汉市财政学校张容主编，郑鹏、邓红萍、余莉娜、李娜、张楠参与编写。具体编写分工如下：郑鹏编写项目1；张容编写项目2；余莉娜编写项目3；邓红萍编写项目4；李娜编写项目5；张楠编写项目6。

本书在编写中得到了武汉市财政学校领导的关怀与指导以及教务科、各专业教研室的大力支持，在此一并表示感谢。

用书学校认课老师若需要本课程训练的习题答案，请以电子邮件的形式向中国财政经济出版社索取（请注明：学校、全书名、版次），E-mail：caijingjiaocai@163.com。

由于编者水平有限，加之编写时间仓促，书中难免有不妥之处，恳请广大读者批评指正。

编　者

2019年1月

目录

项目1　办税基本程序

知识结构

一、税务登记

1. 税务登记申请人
2. 税务登记主管机关
3. “多证合一”登记制度改革

二、发票管理

1. 发票的类型和适用范围
（1）发票的类型：增值税专用发票、增值税普通发票、其他发票
（2）发票的适用范围
2. 发票的开具和使用
（1）发票的开具
（2）发票的使用和保管
3. 增值税发票开具和使用的特别规定
4. 发票的检查

三、纳税申报

1. 纳税申报的内容
2. 纳税申报的方式
（1）自行申报
（2）邮寄申报
（3）数据电文申报
（4）其他方式
3. 纳税申报的其他要求

知识点及学习要求

知识点	学习要求			
	知识要求		操作要求	
	了解	掌握	会	熟练
项目1　办税基本程序				
1.1　税务登记		√	√	
1.2　发票管理		√		√
1.3　纳税申报		√	√	

1.1　税务登记

一、判断题

1. 事业单位都不需要办理税务登记。（　　）

2. 扣缴义务人应当在发生扣缴义务时，到税务机关领取扣缴税务凭证，无须申报登记。（　　）

3. 办理税务登记的地点是在市级主管税务机关的办税服务大厅。（　　）

4. 办理税务登记都应该选择在税务机关的国家税务局进行，地方税务局不能办理。（　　）

5. 办理税务登记时所需的证件，都应提供原件和复印件。（　　）

6. 税务登记证正本应由专人专柜保管。（　　）

7. 税务登记证实行一年一验证、三年一换证制度。（　　）

8. 新开业的企业，应在办理税务登记的同时，办理一般纳税人认定手续。（　　）

9. 被认定为增值税一般纳税人的标志是，在税务登记证的正本上盖有“一般纳税人”的印章。（　　）

10. 下岗职工王某开办了一个商品经营部，按规定享受一定期限内的免税优惠，他认为既然免税就不需要办理税务登记，此观点正确。（　　）

二、单项选择题

1. 税务登记不包括（　　）。

A. 开业登记　　B. 变更登记

C. 核定应纳税额登记　　D. 外出经营报验登记

2. 纳税人应当自领取营业执照之日起或者自纳税义务发生之日起（　　）日内，

办理税务登记。

A. 10　B. 15　C. 20　D. 30

3. 根据《中华人民共和国税收征收管理法》的规定，企业向税务机关申报办理税务登记的时间是（　　）。

A. 自领取营业执照之日起15日内　B. 自领取营业执照之日起30日内

C. 自领取营业执照之日起45日内　D. 自领取营业执照之日起60日内

4. 税务登记证一般载有（　　）项内容。

A. 5　B. 6　C. 7　D. 8

5. 应税销售额已经达到一般纳税人标准的企业，应在纳税申报期结束后（　　）日内申请办理一般纳税人认定手续。

A. 10　B. 20　C. 30　D. 40

6. 认定增值税一般纳税人时应填写的申请表格称为（　　）。

A. “增值税一般纳税人认定表”　B. “增值税一般纳税人申请表”

C. “增值税一般纳税人认定申请表”　D. “增值税一般纳税人申请认定表”

三、多项选择题

1. 税务登记包含（　　）。

A. 新办税务登记　B. 迁移税务登记

C. 合并税务登记　D. 注销税务登记

2. 以下应办理税务登记的有（　　）。

A. 企业　B. 个体工商户

C. 企业在外地设立的分支机构　D. 行政单位

3. 可不办理税务登记的有（　　）。

A. 负有扣缴税款义务的扣缴义务人

B. 从事生产、经营的单位

C. 国家机关

D. 无固定生产、经营场所的流动性农村小商贩

4. 根据《税收征收管理法》的规定，需要办理税务登记的纳税人有（　　）。

A. 领取营业执照从事生产经营活动的纳税人

B. 财政局

C. 只缴纳个人所得税的自然人

D. 企业在外地设立的分支机构

5. 办理税务登记时应提供的资料有（　　）。

A. 营业执照（正本）　B. 组织机构代码证书

C. 办税人员身份证明　D. 公司章程

6. 办理税务登记时应填写的表单主要有（　　）。

A. “税务登记表”
B. “纳税人税种登记表——国税”
C. “纳税人税种登记表——地税”
D. “社会保险信息补充表”

7．纳税人（　　）必须提供税务登记证副本。

A. 办理营业执照
B. 开设银行结算账户
C. 办理纳税申报
D. 领购发票

8．一般纳税人与小规模纳税人的主要区别是（　　）。

A. 使用的发票不同
B. 税率不同
C. 计算税额的方法不同
D. 税收优惠不同

1.2　发票管理

一、判断题

1. 增值税一般纳税人只能开具增值税专用发票，不得开具普通发票。（　　）
2. 发票的领购范围是依法办理了税务登记的单位和个人。（　　）
3. 纳税人初次领购发票除提供发票领购簿外，还应填写发票申购单。（　　）
4. 纳税人续购发票，应先缴销在规定期限内尚未使用完的发票。（　　）

二、单项选择题

1. 发票一般分为普通发票和（　　）。

A. 专业发票
B. 专门发票
C. 行业发票
D. 增值税专用发票

2. 增值税专用发票由国家税务总局印制，其他发票由（　　）印制。

A. 省级税务局
B. 各地方的税务局
C. 国家税务局指定的企业
D. 省、自治区、直辖市税务机关指定的企业

3. 统一负责全国发票管理工作的是（　　）。

A. 国家物价总局
B. 国家工商行政管理总局
C. 国家税务总局
D. 财政部

4. 下列各项中，专门用于结算销售货物和提供加工修理修配劳务使用的发票是（　　）。

A. 专业发票
B. 增值税专用发票
C. 行业发票
D. 普通发票

5. 增值税专用发票的领购使用只限于（　　）。

A. 增值税一般纳税人
B. 增值税小规模纳税人
C. 特殊纳税人
D. 个体工商户

6. 纳税人领购发票应先办理（　　）。

A. 发票准领证　B. 发票使用证　C. 发票领购簿　D. 发票簿

7. 纳税人已开具的发票存根联和发票登记簿，应当保存（　　）年。

A. 2　B. 3　C. 4　D. 5

三、多项选择题

1. 发票的主要作用有（　　）。

A. 记账的依据　B. 报销的凭证

C. 维权的证据　D. 计算税额的数据来源

2. 不得领购使用增值税专用发票的有（　　）。

A. 增值税小规模纳税人

B. 个人

C. 增值税一般纳税人

D. 销售的货物全部免征增值税的纳税人

3. 关于发票的作用，下列说法正确的有（　　）。

A. 确定经营收支行为发生的法定凭证　B. 会计核算的原始依据

C. 税务稽查的重要证据　D. 会计核算的记账凭证

1.3 纳税申报

一、判断题

1. 临时取得应税收入的纳税人可以不进行纳税申报。（　　）

2. 申报企业所得税需提供会计报表及其说明材料。（　　）

3. 申报增值税需提供“增值税专用发票领用存月报表”“增值税销项税额和进项税额明细表”等。（　　）

4. 享有减免税待遇的纳税人，在减免税期间可以不办理纳税申报。（　　）

二、单项选择题

1. 纳税申报的对象包括纳税人和（　　）。

A. 扣缴义务人　B. 被扣缴税款的人

C. 税务人员　D. 征税对象

2. 纳税人应填报纳税申报表，扣缴义务人应填报（　　）。

A. “纳税申报表”　B. “扣缴义务表”

C. “扣缴税款表”　D. “代扣代缴、代收代缴税款报告表”

3. 传统的纳税申报方式是（　　）。

A. 上门申报　B. 电话申报　C. 邮寄申报　D. 网上申报

4. 下列各项中，不属于纳税申报方式的是（　　）。

A. 直接申报　B. 邮寄申报　C. 数据电文申报　D. 口头申报

5. 纳税人采用网上申报纳税的方式属于（　　）。

A. 直接申报　B. 上门申报　C. 邮寄申报　D. 数据电文申报

6. 邮寄申报纳税的申报日期是（　　）。

A. 填表日期　B. 寄出地邮戳日期

C. 收邮地邮戳日期　D. 税务机关收到日期

三、多项选择题

1. 纳税申报的方式有（　　）。

A. 电话申报　B. 邮寄申报　C. 上门申报　D. 网上申报

2. 网上申报系统按功能划分为（　　）。

A. 申报区　B. 服务区　C. 公告区　D. 办税区

项目 2　增值税

知识结构

征税增值税

- 概念：增值税是以商品和劳务在流转过程中产生的增值额为计税依据而征收的一种税
- 分类：增值税分为生产型增值税、收入型增值税和消费型增值税。我国从 2009 年开始实行消费型增值税
- 征收范围
  - 基本规定：销售或进口货物、提供加工、修理修配劳务、销售服务（交通运输服务、邮政服务、电信服务、建筑服务、金融服务、现代服务及生活服务）、销售无形资产和销售不动产
  - 特殊规定：（1）视同销售货物和视同提供应税劳务；（2）混合销售和兼营行为
- 税率
  - 基本税率：16%；低税率：10%、6%；零税率
  - 小规模纳税人：征收率 3%
- 计算公式
  - 一般纳税人（年销售额在 500 万元以上）当期应纳税额 = 当期销项税额 − 当期进项税额
    销项税额 = 不含税销售额 × 税率
    不含税销售额 = 含税销售额 ÷ (1 + 税率)
    进项税额 = 买价 × 扣除率
  - 小规模纳税人（年销售额在 500 万元以下）应纳税额 = 不含税的销售额 × 征收率
- 征收管理：纳税义务发生的时间、纳税期限、纳税地点

知识点及学习要求

知　识　点	学习要求			
	知识要求		操作要求	
	了解	掌握	会	熟练
项目 2　增值税				
2.1　增值税纳税人和扣缴义务人				

续表

知识点	学习要求			
	知识要求		操作要求	
	了解	掌握	会	熟练
2.1.1 纳税人的概念及分类	√		√	
2.1.2 扣缴义务人	√		√	
2.2 增值税征税范围		√	√	
2.3 增值税税率和征收率	√		√	
2.4 增值税应纳税额的计算				
2.4.1 一般纳税人增值税应纳税额的计算		√		√
2.4.2 小规模纳税人、一般纳税人简易计税增值税应纳税额的计算		√		√
2.5 增值税税收优惠	√		√	
2.6 增值税征收管理	√		√	
2.7 增值税专用发票使用规定		√		√

2.1 增值税纳税人和扣缴义务人

2.1.1 纳税人的概念及分类

一、判断题

1. 增值税纳税人划分为一般纳税人和小规模纳税人。 ( )
2. 增值税小规模纳税人采取简易方法计算增值税税额。 ( )
3. 增值税一般纳税人计算增值税税额的方法是“销项税额－进项税额”。 ( )
4. 增值税小规模纳税人计算增值税可以扣税。 ( )
5. 增值税一般纳税人计算增值税可以扣税。 ( )
6. 增值税小规模纳税人可以领购和使用增值税专用发票。 ( )
7. 增值税一般纳税人资格实行登记制。 ( )
8. 除个体经营者以外的其他个人不属于增值税一般纳税人。 ( )
9. 年应税销售额超过小规模纳税人标准的非企业性单位，不经常发生应税行为的企业，可以选择按小规模纳税人纳税。 ( )
10. 增值税纳税人登记为一般纳税人后，可以申请转为小规模纳税人。 ( )
11. 有增值税应税业务的学校可视同小规模纳税人缴纳增值税。 ( )
12. 会计核算健全，能够提供准确税务资料的年应税销售额为200万元的商业企业

可认定为增值税一般纳税人。 （ ）

二、单项选择题

1. 按照对外购置固定资产价值的处理方式，可以将增值税划分为不同类型。我国从2009年1月1日起实行的增值税属于（ ）。

A. 生产型增值税 B. 收入型增值税
C. 支出型增值税 D. 消费型增值税

2. 增值税纳税人划分为（ ）和小规模纳税人。

A. 大型纳税人 B. 普通纳税人
C. 普遍纳税人 D. 一般纳税人

3. 小规模纳税人商事活动使用的是普通发票，一般纳税人使用的是（ ）。

A. 专业发票 B. 电子发票
C. 增值税专用发票 D. 一般发票

4. 根据增值税法律制度的规定，下列关于小规模纳税人征税规定的表述中，不正确的是（ ）。

A. 实行简易征税办法
B. 一律不使用增值税专用发票
C. 不允许抵扣增值税进项税额
D. 可以请税务机关代开增值税专用发票

5. 下列纳税人符合一般纳税人年应税销售额认定标准的是（ ）。

A. 年应税销售额520万元的从事货物生产的纳税人
B. 年应税销售额60万元的从事货物零售的纳税人
C. 年应税销售额50万元的从事货物生产的纳税人
D. 年应税销售额400万元的从事交通运输服务的纳税人

6. 小规模纳税人的标准是：年应税销售额在（ ）万元及以下的。

A. 80 B. 100 C. 50 D. 500

三、多项选择题

1. 年应税销售额超过小规模纳税人标准的个人按小规模纳税人纳税，（ ）也可以选择按小规模纳税人纳税。

A. 企业单位 B. 非企业型单位
C. 经常发生应税行为的企业 D. 不经常发生应税行为的企业

2. 划分增值税一般纳税人和小规模纳税人的标准是（ ）。

A. 资产规模 B. 年应税销售额
C. 所有制性质 D. 会计核算水平

2.1.2 扣缴义务人

判断题

中华人民共和国境外单位或者个人在境内发生的应税行为，在境内未设立经营机构的，以购买方为增值税扣缴义务人。（　　）

2.2 增值税征税范围

一、判断题

1. 外购进口的原属于中国境内的货物，不征收进口环节增值税。（　　）
2. 根据营业税改征增值税的相关规定，卫星电视信号落地转接服务，属于增值电信服务。（　　）
3. 电力公司向发电企业收取的过网费，征收增值税。（　　）
4. 单位或者个体工商户聘用的员工为本单位或者雇主提供加工、修理修配劳务，不征收增值税。（　　）
5. 增值税一般纳税人将自产的货物无偿赠送他人的，不征收增值税。（　　）
6. 将自产、委托加工或购买的货物用于集体福利或个人消费的，均视同销售行为。（　　）
7. 增值税一般纳税人将外购货物作为职工集体福利，应视同销售行为计征增值税。（　　）

二、单项选择题

1. 下列各项中，应按照“销售服务——建筑服务”税目计缴增值税的是（　　）。

A. 平整土地　　B. 出售住宅

C. 出租办公楼　　D. 转让土地使用权

2. 下列各项中，应按照“销售服务——生活服务”税目计缴增值税的是（　　）。

A. 文化创意服务　　B. 车辆停放服务

C. 广播影视服务　　D. 旅游娱乐服务

3. 下列行为中，不属于销售无形资产的是（　　）。

A. 转让专利权　　B. 转让建筑永久使用权

C. 转让网络虚拟道具　　D. 转让采矿权

4. 下列行为中，应按照“销售不动产”税目计缴增值税的是（　　）。

A. 将建筑物广告位出租给其他单位用于发布广告

B. 销售底商

C. 转让高速公路经营权

D. 转让国有土地使用权

5. 下列各项中，不属于按照“现代服务”征收增值税的是（　　）。

A. 广告设计　　B. 有形动产租赁

C. 不动产租赁　　D. 教育医疗服务

6. 根据增值税法律制度的规定，下列行为中，应视同销售货物行为征收增值税的是（　　）。

A. 购进货物用于职工食堂　　B. 购进货物用于个人消费

C. 购进货物用于无偿赠送其他单位　　D. 购进货物用于集体福利

7. 下列关于混合销售与兼营的说法中错误的是（　　）。

A. 混合销售是指一项销售行为既涉及货物又涉及服务

B. 兼营是指纳税人的经营范围既包括销售货物和应税劳务，又包括销售服务、无形资产或者不动产

C. 混合销售行为发生在一项销售行为中，兼营不发生在同一项销售行为中

D. 兼营发生在一项销售行为中，混合销售行为不发生在同一项销售行为中

8. 根据营业税改征增值税试点相关规定，下列各项中，应征收增值税的是（　　）。

A. 被保险人获得的保险赔付

B. 航空公司根据国家指令无偿提供用于公益事业的航空运输服务

C. 国民存款利息

D. 母公司向子公司出售不动产

9. 根据营业税改征增值税试点相关规定，下列各项中，应征收增值税的是（　　）。

A. 商业银行提供直接收费金融服务收取的手续费

B. 物业管理单位代收的住宅专项维修资金

C. 被保险人获得的保险赔付

D. 存款人取得的存款利息

10. 某市 A、B 两店为实行统一核算的连锁店，A 店的下列经营活动中，不属于视同销售货物行为的有（　　）。

A. 将货物移送给位于甲市的某商场代销

B. 销售乙市某商场的代销货物

C. 将货物移送 B 店销售

D. 为促销将本店货物无偿赠送给消费者

三、多项选择题

1. 下列各项中，按照销售货物征收增值税的有（　　）。

A. 销售电力　　B. 销售热力

C. 销售天然气　　D. 销售商品房

2. 依据“营改增”的政策规定，下列行为中属于物流辅助服务的有（　　）。

A. 打捞救助服务　　B. 无船承运业务

C. 装卸搬运服务　　D. 仓储服务

3. 下列各项中，属于“金融服务”的有（　　）。

A. 融资性售后回租　　B. 动产融资租赁

C. 人身保险服务　　D. 邮政储蓄服务

4. 某共享单车企业，2017 年 6 月，以单车押金进行投资，购买短期保本理财产品，取得收益 600 万元，取得单车运营收入 4 000 万元，车身广告收入 200 万元，APP 软件页面广告收入 600 万元，上述收入应当按照“现代服务——租赁服务”缴纳增值税的有（　　）。

A. 购买短期保本理财产品，取得收益　　B. 单车运营收入

C. 车身广告收入　　D. APP 软件页面广告收入

5. 根据增值税法律制度的规定，下列各项中，应视同销售货物缴纳增值税的有（　　）。

A. 将购进货物分配给股东　　B. 将购进货物用于集体福利

C. 将购进货物无偿赠送给其他单位　　D. 将购进货物投资于其他单位

6. 下列行为中，应视同销售货物征收增值税的有（　　）。

A. 将自产货物用于集体福利　　B. 将外购货物用于个人消费

C. 将自产货物无偿赠送他人　　D. 将外购货物分配给股东

7. 增值税一般纳税人的下列行为中，应视同销售货物，征收增值税的有（　　）。

A. 食品厂将自产的月饼发给职工作为中秋节的福利

B. 商场将购进的服装发给职工用于运动会入场式

C. 计算机生产企业将自产的计算机分配给投资者

D. 纺织厂将自产的窗帘用于职工活动中心

8. 根据“营改增”的有关规定，下列属于视同提供应税服务的有（　　）。

A. 为本单位员工无偿提供搬家运输服务

B. 向客户无偿提供信息咨询服务

C. 销售货物同时无偿提供运输服务

D. 为客户无偿提供广告设计服务

9. 根据增值税法律制度的规定，下列行为中，属于增值税混合销售行为的有（　　）。

A. 贸易公司销售货物同时负责安装

B. 百货商店销售商品同时负责运输

C. 建筑公司销售自产货物同时提供建筑服务

D. 餐饮公司提供餐饮服务同时销售酒水

10. 根据增值税法律制度的规定，下列行为中，应当一并按销售货物征收增值税的有（　　）。

A. 贸易公司销售电梯同时负责安装
B. 百货商店销售商品同时负责运输
C. 建材商店销售建材，并从事装修、装饰业务
D. 餐饮公司提供餐饮服务的同时销售酒水

11. 根据增值税法律制度的规定，下列各项中属于增值税征税范围的有（　　）。
A. 缝纫业务　　B. 银行销售金银业务
C. 货物期货　　D. 饮食业纳税人销售非现场消费的食品

12. 根据增值税法律制度的规定，下列各项中按销售“货物”征收增值税的有（　　）。
A. 缝纫业务　　B. 银行销售金银业务
C. 货物期货　　D. 饮食业纳税人销售非现场消费的食品

13. 根据《增值税暂行条例》的有关规定，下列行为中，不需要缴纳增值税的有（　　）。
A. 毛毯厂将自产的毛毯分发本厂的员工
B. 超市将外购部分商品作为福利发放给员工
C. 生产企业将生产的产品用于分配给投资者
D. 生产企业将外购的原材料用于加工生产产品

14. 下列各项中，属于增值税混合销售行为的有（　　）。
A. 百货商店在销售商品的同时提供送货上门服务
B. 餐饮公司提供餐饮服务的同时销售烟酒
C. 建材商店在销售木质地板的同时提供安装服务
D. 通信公司在提供通信服务的同时销售固定电话

2.3 增值税税率和征收率

一、判断题

1. 增值税一般纳税人和小规模纳税人按不同税率（或征收率）计算税额。（　　）
2. 增值税基本税率为16%。（　　）
3. 增值税基本税率和低税率只适用于一般纳税人。（　　）
4. 增值税零税率的意思就是免税。（　　）
5. 增值税一般纳税人从事增值税应税行为，一律适用16%的基本税率。（　　）

二、单项选择题

1. 现行增值税小规模纳税人的征收率为（　　）。
A. 3%　　B. 4%　　C. 6%　　D. 5%

2. 一般纳税人提供应税劳务按（　　）税率计算增值税。

A. 16%　　B. 10%　　C. 6%　　D. 5%

3. 出口货物适用的增值税税率是（　　）。

A. 16%　　B. 10%　　C. 6%　　D. 0%

4. 小规模纳税人销售自己使用过的固定资产，减按（　　）征收率增收增值税。

A. 2%　　B. 3%　　C. 1%　　D. 50%

5. 下列各项中，适用16%增值税税率的是（　　）。

A. 图书　　B. 农机　　C. 天然气　　D. 汽车

6. 根据《增值税暂行条例》的规定，下列各项中，适用10%增值税税率的是（　　）。

A. 暖气　　B. 柴油　　C. 汽车零配件　　D. 草种

7. 根据增值税法律制度规定，下列各项增值税服务中，增值税税率为16%的是（　　）。

A. 邮政服务　　B. 交通运输服务

C. 有形动产租赁服务　　D. 增值电信服务

8. 根据增值税法律制度的规定，一般纳税人销售的下列货物中，适用10%税率的是（　　）。

A. 洗衣液　　B. 文具盒　　C. 杂粮　　D. 蔬菜罐头

9. 根据《增值税暂行条例》的规定，增值税一般纳税人兼营不同增值税税率的货物，未分别核算不同税率货物销售额的，确定其适用增值税税率的方法是（　　）。

A. 适用3%的征收率　　B. 从低适用税率

C. 适用平均税率　　D. 从高适用税率

10. 有形动产的租赁适用的税率为（　　）。

A. 16%　　B. 10%　　C. 6%　　D. 0%

11. 不动产的租赁适用的税率为（　　）。

A. 16%　　B. 10%　　C. 6%　　D. 0%

三、多项选择题

1. 我国现行增值税税率包括（　　）。

A. 16%　　B. 10%　　C. 6%　　D. 0%

2. 以下适用低税率10%的货物有（　　）。

A. 粮食　　B. 自来水　　C. 报纸　　D. 化肥

3. 下列关于增值税的说法中，正确的有（　　）。

A. 纳税人销售石油液化气、天然气适用10%的税率

B. 纳税人出口货物，税率为零；但是，国务院另有规定的除外

C. 纳税人提供加工、修理修配劳务，税率为16%

D. 纳税人兼营不同税率的货物或者应税劳务，应当分别核算不同税率的货物或者应税劳务的销售额

4. 下列各项中，适用16%增值税税率的是（　　）。

A. 销售或进口货物　　B. 提供加工、修理修配劳务

C. 有形动产的租赁　　D. 不动产的租赁

5. 下列各项中，适用10%增值税税率的是（　　）。

A. 交通运输服务　　B. 不动产租赁

C. 基础电信服务　　D. 增值电信服务

6. 下列各项中，适用6%增值税税率的是（　　）。

A. 转让土地使用权　　B. 销售无形资产（土地使用权除外）

C. 现代服务　　D. 生活服务

2.4 增值税应纳税额的计算

2.4.1 一般纳税人增值税应纳税额的计算

一、判断题

1. 应计算增值税的业务既包括销售和提供劳务，也包括视同销售。（　　）

2. 一般纳税人从国外进口商品，只缴纳关税，不缴纳增值税。（　　）

3. 一般纳税人进口的货物计算增值税时，也可以抵扣进项税额。（　　）

4. 纳税人采用以旧换新方式销售的金银首饰，应按实际收取的不含增值税的全部价款征收增值税。（　　）

5. 纳税人外购货物因管理不善丢失的，该外购货物的增值税进项税额不得从销项税额中抵扣。（　　）

6. 增值税一般纳税人均应按当期销项税额抵扣进项税额的计税方法计税。（　　）

7. 职工出差的差旅费均可抵扣进项税额。（　　）

8. 增值税纳税人为销售货物而出租或出售包装物收取的押金，无论会计上如何核算，均应并入销售额计算应纳税额。（　　）

9. 应纳税额等于当期销项税额减去当期进项税额。因此，所有的进项税额都可以抵扣，不足部分可以结转下期继续抵扣。（　　）

10. 一般纳税人与小规模纳税人的计税依据相同，都是不含税的销售额。（　　）

11. 采取商业折扣方式销售的增值税纳税人，可按折扣后的余额为销售额计算增值税。（　　）

12. 采取现金折扣方式销售的增值税纳税人，可按折扣后的余额为销售额计算增值税。（　　）

13. 凡随同销售货物或提供劳务向购买方收取的一切价外费用，无论会计如何核算，

均应并入销售额计算应纳税额。 ( )

14. 增值税的计税依据是不含增值税的价格，它的最终承担者是经营者。 ( )

15. 增值税一般纳税人将外购货物作为职工集体福利，应视同销售计征增值税。 ( )

二、单项选择题

1. 一般纳税人计算销项税额的公式是（ ）。

A. 销售额 × 税率　　B. 销售额 × 征收率

C. 销售额 − 购进额　　D. 销售量 × 税率

2. 下列货物目前允许按 10% 抵扣进项税额的有（ ）。

A. 购进免税农产品　　B. 购进废旧物资

C. 购进固定资产　　D. 购进原材料支付运输费用

3. 纳税人购进用于生产销售或委托加工 16% 税率货物的农产品，按照（ ）的扣除率计算进项税额。

A. 16%　　B. 12%　　C. 10%　　D. 6%

4. 视同销售业务的增值税组成计税价格的公式是（ ）。

A. 组成计税价格 = 成本 + 费用

B. 组成计税价格 = 成本 ×（1 + 费用率）

C. 组成计税价格 = 成本 ×（1 + 成本利润率）

D. 组成计税价格 = 成本

5. 一般纳税人含税销售额换算成不含税销售额的公式是（ ）。

A. 不含税销售额 = 含税销售额 ×（1 + 税率）

B. 不含税销售额 = 含税销售额 ×（1 − 税率）

C. 不含税销售额 = 含税销售额 ÷（1 + 税率）

D. 不含税销售额 = 含税销售额 ÷（1 − 税率）

6. 根据《增值税暂行条例》的规定，下列各项中，进项税额可以从销项税额中抵扣的是（ ）。

A. 集体福利或者个人消费的购进货物或者应税劳务

B. 非正常损失的在产品、产成品所耗用的购进货物或者应税劳务

C. 非正常损失的购进货物及相关的应税劳务

D. 向农业生产者购买的免税农业产品

7. 增值税一般纳税人当期进项税额大于当期销项税额的税务处理是（ ）。

A. 当期未能抵扣的进项税额可部分结转下期继续抵扣

B. 当期未能抵扣的进项税额可全部结转下期继续抵扣

C. 不得再结转下期进行抵扣

D. 退还已纳税款

8. A公司为增值税一般纳税人，其销售钢材一批，含增值税的价格为23 200元，适用的增值税税率为16%。则其增值税销项税额为（　　）元。

A. 3 200　　B. 3 712　　C. 2 600　　D. 3 042

9. A公司为增值税一般纳税人，其本月进口产品200 000元，海关征收32 000元增值税；向农业生产者购入免税产品30 000元；购入原材料300 000元，增值税专用发票上注明的增值税税额为48 000元。本月销售产品1 000 000元，适用的增值税税率为16%，则该企业本月应缴纳的增值税税额为（　　）元。

A. 77 000　　B. 89 180　　C. 81 135　　D. 81 100

10. 申报抵扣进项税的抵扣凭证不包括（　　）。

A. 增值税专用发票

B. 购买农产品取得的农产品收购发票

C. 从海关取得的海关进口增值税专用缴款书上注明的增值税税额

D. 从小规模纳税人处取得的合法购进凭证

11. 2018年9月甲公司销售产品取得含增值税价款116 000元，另收取包装物租金6 960元。已知增值税税率为16%，甲公司当月该笔业务增值税销项税额的下列计算中，正确的是（　　）。

A. 116 000×（1+16%）×16%=21 529.6（元）

B. （116 000+6 960）÷（1+16%）×16%=16 960（元）

C. 11 6000×16%=18 560（元）

D. （116 000+6 960）×16%=19 673.60（元）

12. 甲厂为增值税一般纳税人，2018年9月销售化学制品取得含增值税价款232万元，当月发生的可抵扣的进项税额4.8万元，上月月末留抵的进项税额3.6万元。已知增值税税率为16%，甲厂当月应缴纳增值税税额为（　　）。

A. 232÷（1+16%）×16%－3.6=28.4（万元）

B. 232÷（1+16%）×16%－4.8=27.2（万元）

C. 232×16%－4.8=32.32（万元）

D. 232÷（1+16%）×16%－4.8－3.6=23.6（万元）

13. 某服装厂为增值税一般纳税人。2018年5月，销售服装开具增值税专用发票，取得含税销售额200万元；销售服装开具增值税普通发票，取得含税销售额120万元。将外购的布料用于集体福利，该布料购进价20万元，同类布料不含税销售价为30万元。已知，增值税税率为16%，根据增值税法律制度的规定，该服装厂当月增值税销项税额为（　　）万元。

A. 44.13　　B. 47.33　　C. 48.93　　D. 51.2

14. 甲公司为增值税一般纳税人，本月将两台自产的A型洗衣机奖励给职工，已知A型洗衣机的生产成本为1 500元/台，成本利润率为10%，市场最高不含税售价为2 500元/台，平均不含税售价为2 200元/台，则甲公司当月该笔业务增值税销项税额的下列计算中，正确的是（　　）。

A. $1\ 500 \times 2 \times 16\% = 480$（元）

B. $1\ 500 \times (1 + 10\%) \times 2 \times 16\% = 528$（元）

C. $2\ 200 \times 2 \times 16\% = 704$（元）

D. $2\ 500 \times 2 \times 16\% = 800$（元）

15. 甲公司为增值税一般纳税人，本月将一批新研制的产品赠送给老顾客使用，甲公司并无同类产品销售价格，其他公司也无同类货物，已知该批产品的生产成本为10万元，甲公司的成本利润率为10%，则甲公司本月视同销售的增值税销项税为（　　）元。

A. 16 000　　B. 18 500　　C. 17 600　　D. 18 888

16. 甲公司为增值税一般纳税人，本月将一批新研制的高档美白化妆品赠送给老顾客使用，甲公司并无同类产品销售价格，其他公司也无同类货物，已知该批产品的生产成本为10万元，甲公司的成本利润率为10%，高档化妆品的消费税税率为15%，则甲公司当月该笔业务增值税销项税额的下列计算中，正确的是（　　）。

A. $100\ 000 \times 16\% = 16\ 000$（元）

B. $100\ 000 \times (1 + 10\%) \div (1 - 15\%) \times 16\% = 20\ 705.88$（元）

C. $100\ 000 \times (1 + 10\%) \times 16\% = 17\ 600$（元）

D. $100\ 000 \times (1 + 10\%) \div (1 + 15\%) \times 16\% = 15\ 304.35$（元）

17. 甲公司为增值税一般纳税人，2017年10月采取折扣方式销售货物一批，该批货物不含税销售额90 000元，折扣额9 000元，销售额和折扣额在同一张发票上的"金额栏"分别注明。已知增值税税率为16%。甲公司当月该笔业务增值税销项税额的下列计算中，正确的是（　　）。

A. $(90\ 000 - 9\ 000) \times (1 + 16\%) \times 16\% = 15\ 033.60$（元）

B. $90\ 000 \times 16\% = 14\ 400$（元）

C. $90\ 000 \times (1 + 16\%) \times 16\% = 16\ 704$（元）

D. $(90\ 000 - 9\ 000) \times 16\% = 12\ 960$（元）

18. 甲厂为增值税一般纳税人，2018年6月将500件衬衣销售给乙商场，含税单价为116元/件；由于乙商场购进的数量较多，甲厂决定给予7折优惠，开票时将销售额和折扣额在同一张发票上的"金额"栏分别注明，已知增值税税率为16%。根据增值税法律制度的规定，甲厂该笔业务的增值税销项税额的下列计算中，正确的是（　　）。

A. $500 \times 116 \times 16\% = 9\ 280$（元）

B. $500 \times 116 \div (1 + 16\%) \times 16\% = 8\ 000$（元）

C. $500 \times 116 \times 70\% \times 16\% = 6\ 496$（元）

D. $500 \times 116 \times 70\% \div (1 + 16\%) \times 16\% = 5\ 600$（元）

19. 甲手机专卖店为增值税一般纳税人，2018年8月采取以旧换新方式销售某型号手机100部，该型号新手机的同期含税销售单价为3 248元，旧手机的收购单价为232

元，已知增值税税率为16%，甲手机专卖店当月该业务增值税销项税额的下列计算中，正确的是（ ）。

A. (3 248 - 232) × 100 × 16% = 48 256（元）

B. (3 248 - 232) × 100 ÷ （1 + 16%） × 16% = 41 600（元）

C. 3 248 × 100 × 16% = 51 968（元）

D. 3 248 × 100 ÷ (1 + 16%) × 16% = 44 800（元）

20. 甲首饰店为增值税一般纳税人，2018年7月采取“以旧换新”方式销售一批金项链。该批金项链含增值税价款为139 200元，换回的旧项链作价127 600元，甲首饰店实际收取差价款11 600元。已知增值税税率为16%。甲首饰店当月该笔业务增值税销项税额的下列计算中，正确的是（ ）。

A. 139 200 ÷ (1 + 16%) × 16% = 19 200（元）

B. 127 600 ÷ (1 + 16%) × 16% = 17 600（元）

C. 139 200 × 16% = 22 272（元）

D. 11 600 ÷ (1 + 16%) × 16% = 1 600（元）

21. 甲厂为增值税一般纳税人，2018年5月销售食品取得不含增值税价款116万元，另收取包装物押金2.32万元。已知增值税税率为16%，甲厂当月销售食品应缴纳增值税的下列计算中，正确的是（ ）。

A. (116 + 2.32) ÷ (1 + 16%) × 16% = 16.32（万元）

B. 116 ÷ (1 + 16%) × 16% = 16（万元）

C. 116 × 16% = 18.56（万元）

D. [116 + 2.32 ÷ (1 + 16%)] × 16% = 18.88（万元）

22. 甲公司为增值税一般纳税人，2018年5月进口一批高档化妆品，海关核定的关税完税价格63万元，缴纳关税税额6.3万元。已知高档化妆品增值税税率为16%，消费税税率为15%。甲公司该笔业务应缴纳增值税税额的下列计算中，正确的是（ ）。

A. (63 + 6.3) ÷ (1 - 15%) × 16% = 13.04（万元）

B. (63 + 6.3) × 16% = 11.09（万元）

C. 63 ÷ (1 - 15%) × 16% = 11.86（万元）

D. 63 × 16% = 10.08（万元）

23. 甲公司为增值税一般纳税人，2013年5月从国外进口一批音响，海关核定的关税完税价格为116万元，缴纳关税11.6万元。已知增值税税率为16%，甲公司该笔业务应缴纳增值税税额的下列计算中，正确的是（ ）。

A. 116 × 16% = 18.56（万元）

B. (116 + 11.6) × 16% = 20.416（万元）

C. 116 ÷ (1 + 16%) × 16% = 16（万元）

D. (116 + 11.6) ÷ (1 + 16%) × 16% = 17.6（万元）

三、多项选择题

1. 以下属于不得抵扣进项税额的项目是（　　）。

A. 购进货物用于集体福利　　B. 购进货物用于产品生产

C. 购进货物用于基建工程　　D. 购进货物发生的非正常损失

2. 根据《增值税暂行条例》的规定，下列各项中视同销售计算增值税的有（　　）。

A. 某企业将外购的一批原材料用于基建工程

B. 某企业将外购的商品用于职工福利

C. 某商场为服装厂代销儿童服装

D. 某企业将外购的商品无偿赠予他人

3. 用于适用（　　）的购进货物，接受加工修理修配劳务或者应税服务不得抵扣增值税进项税额。

A. 简易计税方法计税项目　　B. 非增值税应税项目

C. 免征增值税项目　　D. 集体福利或者个人消费

4. 根据增值税法律制度的规定，纳税人销售货物向购买方收取的下列款项中，属于价外费用的有（　　）。

A. 延期付款利息　　B. 赔偿金

C. 手续费　　D. 包装物租金

5. 根据增值税法律制度的规定，下列各项中，一般纳税人在计算增值税销项税额时，应并入销售额的有（　　）。

A. 销售货物价外向购买方收取的手续费

B. 销售货物价外向购买方收取的违约金

C. 销售货物的同时代办保险而向购买方收取的保险费

D. 受托加工应征消费税的消费品所代收代缴的消费税

6. 根据增值税法律制度的规定，一般纳税人收取的下列款项中，应并入销售额计算销项税额的有（　　）。

A. 延期付款利息

B. 手续费

C. 违约金

D. 受托加工应税消费品代收代缴的消费税

7. 根据《增值税暂行条例》的规定，下列关于包装物的增值税处理正确的有（　　）。

A. 随同货物销售而出租包装物的租金一律在收取时作为价外费用并入销售额计征增值税

B. 一般货物包装物押金一律在收取时作为价外费用并入销售额计征增值税

C. 白酒包装物押金一律在收取时作为价外费用并入销售额计征增值税

D. 啤酒包装物押金一律在收取时作为价外费用并入销售额计征增值税

8. 甲公司为增值税一般纳税人，其本月进口产品 20 万元，取得进口增值税专用缴款书上注明的增值税额为3.2万元；发生运输费用，取得增值税普通发票上注明的价税合计金额为2 200元；向农业生产者购入免税农产品3万元（简单加工后直接出售）；购入原材料30万元，增值税专用发票上注明的增值税额为4.8万元。已知：该企业取得发票、缴款书等均符合规定，并已认证、比对。则下列关于准予抵扣的进项税额中，说法正确的有（　　）。

A. 进口产品准予抵扣的进项税额为3.2万元

B. 运输费用准予抵扣的进项税额为200元

C. 购入免税农产品准予抵扣的进项税额为3 000元

D. 购入原材料准予抵扣的进项税额为4.8万元

9. 一般纳税人购进的下列服务中，准予抵扣进项税额的有（　　）。

A. 贷款服务　　B. 住宿服务

C. 餐饮服务　　D. 广告服务

10. 根据增值税法律制度的规定，一般纳税人购进货物的下列进项税额中，不得从销项税额中抵扣的有（　　）。

A. 因管理不善造成被盗的购进货物的进项税额

B. 被执法部门依法没收的购进货物的进项税额

C. 被执法部门强令自行销毁的购进货物的进项税额

D. 因地震造成毁损的购进货物的进项税额

11. 根据增值税法律制度的规定，一般纳税人购进货物发生的下列情形中，进项税额不得从销项税额中抵扣的有（　　）。

A. 被执法机关依法销毁、拆除　　B. 用于个人消费

C. 用于集体福利　　D. 用于对外投资

12. 根据增值税法律制度的规定，一般纳税人购进货物发生的下列情形中，不得从销项税额中抵扣进项税额的有（　　）。

A. 将购进的货物分配给股东　　B. 将购进的货物用于修建职工食堂

C. 将购进的货物无偿赠送给客户　　D. 将购进的货物用于交际应酬

四、计算题（注：以下企业的增值税税率均为16%）

1. 武汉凯新服饰有限公司（增值税一般纳税人）从A公司购进生产用原材料，取得增值税专用发票，发票已经认证，注明货款100万元、税额16万元。当月向某商场批发销售货物一批，开具增值税专用发票，注明价款200万元。已知增值税税率为16%，请计算武汉凯新服饰有限公司本月增值税应纳税额。

2. 某一般纳税人企业将生产的产品作为投资提供给另一公司，产品的总成本为24万元，当期购进货物经认证的增值税专用发票注明的金额10万元，税额1.6万元。已知增值税税率为16%，计算其应纳的增值税税额。

3. 某大型超市（一般纳税人）6月份全部零售商品总销售额928 000元，当月购进商品可抵扣的进项税额共80 000元。已知增值税税率为16%，计算其6月份应纳的增值税税额。

4. 某工业企业8月份销售产品的不含税销售额共70万元，当月购进货物经税务机关认证的增值税专用发票共10份，金额40万元，税额6.4万元，其中，有金额为2万元的购进货物，由公司工会领用用作了职工集体福利。已知增值税税率为16%，计算其8月份应纳的增值税税额。

5. 东方工业股份有限公司为增值税一般纳税人，2018年6月有关增值税业务如下：

（1）当月全部销售共开具增值税专用发票4份，不含税销售额共1 200 000元；

（2）公司本月将自制的某商品用于项目基建，共领用400件，该商品同类价格300元/件；

（3）本期购进商品经认证相符的增值税专用发票共5份，金额918 823.52元，税额147 011.76元；

（4）公司本月用5月份购进的价值116 000元（含税）的商品发放福利（该商品在5月份已经抵扣进项税额）。

（5）上月末企业尚有未抵扣的进项税额12 530元。

已知增值税税率为16%。根据上述资料计算该公司6月份应纳的增值税税额为多少。

2.4.2 小规模纳税人、一般纳税人简易计税增值税应纳税额的计算

一、判断题

1. 小规模纳税人销售货物的金额通常都是不含税销售额。 （ ）

2. 小规模纳税人销售货物可以由税务机关代开增值税专用发票。 （ ）

3. 一般纳税人提供的公共交通运输服务，可以选择适用简易计税方法计缴增值税。 （ ）

4. 小规模纳税人所有销售业务一律按销售额3%的征收率计算应纳税款，不得抵扣进项税额。 （ ）

二、单项选择题

1. 小规模纳税人含税销售额换算成不含税销售额的公式是（ ）。

A. 含税销售额×(1+税率) B. 含税销售额×(1+征收率)

C. 含税销售额÷(1+税率) D. 含税销售额÷(1+征收率)

2. 2018年5月中旬，某商店（小规模纳税人）购进童装150套，“六一”儿童节之前以每套98元的含税价格全部零售出去，该商店当月销售这批童装应纳增值税为（ ）元。

A. 588 B. 565.38 C. 441 D. 428.16

3. 某零售商店2018年的销售额为60万元（含增值税），则应纳增值税为（ ）万元。

A. 1.08 B. 1.8 C. 1.75 D. 10.2

4. 甲商店为增值税小规模纳税人，2018年3月销售商品取得含税销售额61 800元，购入商品取得普通发票注明金额10 000元。已知增值税税率为16%，征收率为3%，当月应缴纳增值税税额的下列计算中，正确的是（ ）。

A. 61 800÷(1+3%)×3%－10 000×3%＝1 500（元）

B. 61 800×3%＝1 854（元）

C. 61 800×3%－10 000×3%＝1 554（元）

D. 61 800÷(1+3%)×3%＝1 800（元）

5. 甲便利店为增值税小规模纳税人，2017年第四季度零售商品取得收入103 000元，将一批外购商品无偿赠送给物业公司用于社区活动，该批商品的含税价格721元。已知增值税征收率为3%。计算甲便利店第四季度应缴纳增值税税额的下列计算中，正确的是（ ）。

A. [103 000+721÷(1+3%)]×3%＝3 111（元）

B. (103 000+721)×3%＝3 111.63（元）

C. [103 000÷(1+3%)+721]×3%＝3 021.63（元）

D. （103 000 + 721）÷（1 + 3%）× 3% = 3 021（元）

6. 根据增值税法律制度的规定，一般纳税人选择简易办法计算缴纳增值税后，在一定期限内不得变更，该期限为（　　）。

A. 12 个月　　B. 36 个月　　C. 24 个月　　D. 18 个月

7. 甲设计公司为增值税小规模纳税人，2018 年 6 月提供设计服务取得含增值税价款 206 000 元；因服务中止，退还给客户含增值税价款 10 300 元，并开具红字专用发票。已知小规模纳税人增值税征收率为 3%，甲设计公司当月应缴纳增值税税额的下列计算中，正确的是（　　）。

A. 206 000 ÷（1 + 3%）× 3% = 6 000（元）

B. 206 000 × 3% = 6 180（元）

C.（206 000 − 10 300）÷（1 + 3%）× 3% = 5 700（元）

D.（206 000 − 10 300）× 3% = 5 871（元）

三、多项选择题

根据营业税改征增值税试点相关规定，一般纳税人发生的下列应税行为中，可以选择适用简易计税方法计缴增值税的有（　　）。

A. 电影放映服务　　B. 文化体育服务　　C. 收派服务　　D. 公交客运服务

四、计算题

1. 某零售商店为增值税小规模纳税人，3 月份零售商品收入 42 100 元。已知增值税征收率为 3%，计算其应缴纳的增值税税额。

2. 飞扬工业有限公司为增值税小规模纳税人，2018 年 1 月份销售商品总销售额 92 906 元，其中包括一台以前使用过的旧设备，销售额 10 300 元。已知增值税征收率为 3%，计算其 1 月份应纳的增值税税额。

3. 某小型企业为增值税小规模纳税人，3 月份取得销售收入 12.36 万元（含税），购进材料一批，支付货款 9.03 万元（含税），已知增值税征收率为 3%，计算当月应纳增值税税额。

2.5 增值税税收优惠

一、判断题

1. 私营企业进口残疾人专用的物品免征增值税。 (　　)
2. 个人转让著作权免征增值税。 (　　)
3. 增值税纳税人销售额未达到起征点的，免征增值税。 (　　)

二、单项选择题

1. 下列各项中，免征增值税的是（　　）。

A. 商店销售糖果　　B. 木材加工厂销售原木
C. 粮店销售面粉　　D. 农民销售自产粮食

2. 根据增值税法律制度的规定，下列各项中，免征增值税的是（　　）。

A. 单位销售自己使用过的小汽车　　B. 企业销售自产的仪器设备
C. 外贸公司进口服装　　D. 农业生产者销售自产的蔬菜

3. 根据增值税法律制度的规定，下列各项中，不属于免税项目的是（　　）。

A. 养老机构提供的养老服务　　B. 装修公司提供的装饰服务
C. 婚介所提供的婚姻介绍服务　　D. 托儿所提供的保育服务

三、多项选择题

1. 根据增值税法律制度的规定，下列各项中，免予缴纳增值税的有（　　）。

A. 果农销售自产水果　　B. 药店销售避孕药品
C. 王某销售自己使用过的空调　　D. 直接用于教学的进口设备

2. 纳税人下列行为，享受增值税免税优惠的有（　　）。

A. 病虫害防治　　B. 金融同业往来利息
C. 个人转让自用手机　　D. 电力公司向发电企业收取过网费

2.6 增值税征收管理

一、判断题

1. 纳税人采取委托银行收款方式销售货物时，增值税纳税义务发生时间为银行收到货款的当天。 (　　)

2. 增值税纳税人采取直接收款方式销售货物，不论货物是否发出，其增值税纳税义务发生时间均为收到销售款或者取得索取销售款凭据的当天。 (　　)

二、单项选择题

1. 根据营业税改征增值税试点相关规定，下列关于增值税纳税义务发生时间的表述中，不正确的是（　　）。

A. 纳税人发生应税行为先开具发票的，为开具发票的当天

B. 纳税人发生视同销售不动产的，为不动产权属变更当天

C. 纳税人提供租赁服务采取预收款方式的，为租期届满的当天

D. 纳税人从事金融商品转让的，为金融商品所有权转移的当天

2. 根据增值税法律制度的规定，下列关于增值税纳税义务发生时间的表述中，不正确的是（　　）。

A. 纳税人采取直接收款方式销售货物，为货物发出的当天

B. 纳税人提供应税劳务，为提供劳务同时收讫销售款或者取得索取销售款凭据的当天

C. 纳税人采取委托银行收款方式销售货物，为发出货物并办妥托收手续的当天

D. 纳税人进口货物，为报关进口的当天

3. 2018 年 5 月 8 日，甲公司与乙公司签订了计算机的购销合同，双方约定总价款为 80 万元。6 月 3 日，甲公司就 80 万元货款全额开具了增值税专用发票，6 月 10 日，甲公司收到乙公司第一笔货款 45 万元，6 月 25 日，甲公司收到乙公司第二笔货款 35 万元。根据增值税法律制度的规定，甲公司增值税纳税义务发生时间为（　　）。

A. 5 月 8 日　　B. 6 月 3 日　　C. 6 月 10 日　　D. 6 月 25 日

4. 根据增值税法律制度的规定，下列关于增值税专用发票记账联用途的表述中，正确的是（　　）。

A. 作为购买方核算采购成本的记账凭证

B. 作为销售方核算销售收入和增值税销项税额的记账凭证

C. 作为购买方报送主管税务机关认证和留存备查的扣税凭证

D. 作为购买方核算增值税进项税额的记账凭证

2.7　增值税专用发票使用规定

一、判断题

1. 会计核算不健全，不能向税务机关准确提供增值税销项税额、进项税额以及应纳税额数据的增值税一般纳税人，不得领购开具增值税专用发票。（　　）

2. 增值税一般纳税人向消费者个人销售货物，不得开具增值税专用发票。（　　）

3. 商业企业一般纳税人零售的烟、酒、食品、服装、鞋帽（不含劳保用品）、化妆品等消费品可以开具增值税专用发票。（　　）

4. 小规模纳税人销售货物或者提供应税劳务需要开具专用发票的，可以向主管税务机关申请代开。（　　）

5. 增值税纳税人的具体纳税期限，由税务机关根据纳税人业务量的多少分别核定。（　　）

6. 不能按固定期限缴纳增值税的，可以按次纳税。（　　）

7. 增值税纳税人以 1、3、5、10、15 日为一个纳税期的，应当自期满之日起 2 日内预缴税款，于次月 1 日起 15 日内申报纳税并结清上月应纳税款。（　　）

二、单项选择题

1. 根据增值税法律制度的规定，下列关于增值税专用发票记账联用途的表述中，正确的是（　　）。

A. 作为购买方核算采购成本的记账凭证

B. 作为销售方核算销售收入和增值税销项税额的记账凭证

C. 作为购买方报送主管税务机关认证和留存备查的扣税凭证

D. 作为购买方核算增值税进项税额的记账凭证

2. 一般纳税人发生的下列业务中，允许开具增值税专用发票的是（　　）。

A. 家电商场向消费者个人销售电视机

B. 百货商店向小规模纳税人零售服装

C. 手机专卖店向消费者个人提供手机修理劳务

D. 商贸公司向一般纳税人销售办公用品

3. 根据增值税法律制度的规定，一般纳税人发生的下列业务中，允许开具增值税专用发票的是（　　）。

A. 房地产开发企业向消费者个人销售房屋

B. 百货公司向小规模纳税人零售食品

C. 超市向消费者个人销售红酒

D. 会计师事务所向一般纳税人提供咨询服务

4. 增值税纳税人以 1 个月或 1 个季度为一个纳税期的，自期满之日起（　　）内申报纳税。

A. 5 日　　B. 一周　　C. 10 日　　D. 15 日

5. 纳税人进口货物，应当自海关填发进口增值税专用缴款书之日起（　　）内缴纳增值税。

A. 5 日　　B. 一周　　C. 10 日　　D. 15 日

6. 增值税的纳税期限不包括（　　）。

A. 1 日　　B. 7 日　　C. 1 个月　　D. 1 个季度

三、多项选择题

1. 增值税的纳税期限分别为 1 日、3 日、5 日、10 日和（　　）。

A. 15 日　　B. 20 日　　C. 1 个月　　D. 1 个季度

2. 下列关于增值税纳税义务发生时间的说法正确的为（　　）。

A. 采用托收承付和委托银行收款方式销售货物，为办妥托收手续的当天

B. 采用赊销和分期收款方式销售货物，为合同约定的收款日期的当天

C. 采用预收货款方式销售货物，为货物发出的当天

D. 委托其他纳税人代销货物，为收到代销清单或者收到全部或者部分货款的当天

项目测试

一、单项选择题

1. 下列关于小规模纳税人征税规定的表述中，不正确的是（　　）。

A. 实行简易征税办法

B. 一律不使用增值税专用发票

C. 不允许抵扣增值税进项税额

D. 可以请税务机关代开增值税专用发票

2. 下列各项中，应按照“销售服务—建筑服务”税目计缴增值税的是（　　）。

A. 平整土地　　B. 出售住宅

C. 出租办公楼　　D. 转让土地使用权

3. 下列行为中，不属于销售无形资产的是（　　）。

A. 转让专利权　　B. 转让建筑永久使用权

C. 转让网络虚拟道具　　D. 转让采矿权

4. 下列行为中，应按照“销售不动产”税目计缴增值税的是（　　）。

A. 将建筑物广告位出租给其他单位用于发布广告

B. 底商

C. 转让高速公路经营权

D. 转让国有土地使用权

5. 下列关于混合销售与兼营的说法中错误的是（　　）。

A. 混合销售是指一项销售行为既涉及货物又涉及服务

B. 兼营是指纳税人的经营范围既包括销售货物和应税劳务，又包括销售服务、无形资产或者不动产

C. 混合销售行为发生在一项销售行为中，兼营不发生在同一项销售行为中

D. 兼营发生在一项销售行为中，混合销售行为不发生在同一项销售行为中

6. 下列各项增值税服务中，增值税税率为16%的是（　　）。

A. 邮政服务　　B. 交通运输服务

C. 有形动产租赁服务　　D. 增值电信服务

7. 下列项目中，适用增值税零税率的是（　　）。

A. 国际运输服务

B. 在境外提供的广播影视节目的播映服务

C. 工程项目在境外的建筑服务

D. 存储地点在境外的仓储服务

8. 甲公司为增值税一般纳税人，本月销售产品一批，取得不含税销售额10万元，同时向对方收取包装费1 000元，已知增值税税率为16%，则甲公司本月增值税销项税额的下列计算中，正确的是（　　）。

A. 100 000÷(1+16%)×16%+1 000÷(1+16%)×16%=13 931.03（元）

B. 100 000×16%=16 000（元）

C. 100 000×16%+1 000÷(1+16%)×16%=16 137.93（元）

D. 100 000×16%+1 000×16%=16 160（元）

9. 甲公司为增值税一般纳税人，本月将两台自产的A型洗衣机奖励给职工，已知A型洗衣机的生产成本为1 500元/台，成本利润率为10%，市场最高不含税售价为2 500元/台，平均不含税售价为2 200元/台，则甲公司当月该笔业务增值税销项税额的下列计算中，正确的是（　　）。

A. 1 500×2×16%=480（元）

B. 1 500×(1+10%)×2×16%=528（元）

C. 2 200×2×16%=704（元）

D. 2 500×2×16%=800（元）

10. 甲手机专卖店为增值税一般纳税人，2017年10月采用以旧换新方式销售某型号手机100部，该型号新手机的含税销售单价为3 248元，回收的旧手机每台折价232元，已知增值税税率为16%，则甲手机专卖店当月该笔业务增值税销项税额的下列计算中，正确的是（　　）。

A. 3 248×100÷(1+16%)×16%=44 800（元）

B. 3 248×100×16%=51 968（元）

C. (3 248-232)×100÷(1+16%)×16%=41 600（元）

D. (3 248-232)×100×16%=48 256（元）

11. 甲便利店为增值税小规模纳税人，2017年第四季度零售商品取得收入103 000元，将一批外购商品无偿赠送给物业公司用于社区活动，该批商品的含税价格721元。已知增值税征收率为3%。计算甲便利店第四季度应缴纳增值税税额的下列计算中，正确的是（　　）。

A. [103 000+721÷(1+3%)]×3%=3 111（元）

B. (103 000+721)×3%=3 111.63（元）

C. [103 000÷(1+3%)+721]×3%=3 021.63（元）

D. (103 000+721)÷(1+3%)×3%=3 021（元）

12. 下列各项中，免征增值税的是（　　）。

A. 商店销售糖果　　　　　　　　B. 木材加工厂销售原木

C. 粮店销售面粉　　D. 农民销售自产粮食

13. 一般纳税人销售下列货物或者应税劳务适用免税规定的是（　　）。

A. 农产品　　B. 避孕药品

C. 图书　　D. 自己使用过的汽车

14. 下列关于增值税纳税义务发生时间的表述中，不正确的是（　　）。

A. 纳税人发生应税行为先开具发票的，为开具发票的当天

B. 纳税人发生视同销售不动产的，为不动产权属变更的当天

C. 纳税人提供租赁服务采取预收款方式的，为交付租赁物的当天

D. 纳税人从事金融商品转让的，为金融商品所有权转移的当天

15. 一般纳税人发生的下列业务中，允许开具增值税专用发票的是（　　）。

A. 家电商场向消费者个人销售电视机

B. 百货商店向小规模纳税人零售服装

C. 手机专卖店向消费者个人提供手机修理劳务

D. 商贸公司向一般纳税人销售办公用品

16. 下列关于增值税专用发票记账联用途的表述中，正确的是（　　）。

A. 作为购买方核算采购成本的记账凭证

B. 作为销售方核算销售收入和增值税销项税额的记账凭证

C. 作为购买方报送主管税务机关认证和留存备查的扣税凭证

D. 作为购买方核算增值税进项税额的记账凭证

17. 根据增值税法律制度的规定，下列关于增值税纳税期限的表述中，不正确的是（　　）。

A. 纳税人进口货物，应自海关填发进口增值税专用缴款书之日起 15 日内缴纳税款

B. 以 1 个季度为纳税期限的规定适用于小规模纳税人

C. 纳税人不能按照固定期限纳税的，可以按次纳税

D. 纳税人以 1 个月或者 1 个季度为 1 个纳税期的，自期满之日起 10 日内申报纳税

18. 星光广告公司为广告业小规模纳税人，为海天有限责任公司发布产品广告，收取海天公司广告费 20 万元，星光广告公司应缴纳增值税（　　）万元。

A. 1.2　　B. 1.0　　C. 0.58　　D. 0.6

19. 视同应税服务销售额，按照纳税人最近时期销售同类服务、无形资产或者不动产的（　　）价格确定。

A. 平均　　B. 最高　　C. 最低　　D. 历史

20. 下列选项中，不属于生活服务的是（　　）。

A. 文化体育服务　　B. 教育医疗服务

C. 餐饮住宿服务　　D. 贷款服务

二、多项选择题

1. 下列各项中，按照销售货物征收增值税的有（　　）。

A. 销售电力　　B. 销售热力
C. 销售天然气　　D. 销售商品房
2. 下列各项中，属于“金融服务”的有（　　）。
A. 融资性售后回租　　B. 动产融资租赁
C. 人身保险服务　　D. 邮政储蓄服务
3. 下列各项中，属于视同销售货物行为的有（　　）。
A. 将购进的货物无偿赠送给其他单位　　B. 将购进的货物分配给股东
C. 将购进的货物投资给其他单位　　D. 将购进的货物用于本单位集体福利
4. 下列行为中，应当一并按销售货物征收增值税的有（　　）。
A. 贸易公司销售电梯同时负责安装
B. 百货商店销售商品同时负责运输
C. 建材商店销售建材，并从事装修、装饰业务
D. 餐饮公司提供餐饮服务的同时销售酒水
5. 下列各项中，属于在我国境内提供增值税应税服务的有（　　）。
A. 法国航空公司将中国公民赵某从法国运送至美国
B. 日本某公司为中国境内某企业设计时装
C. 法国某公司出租设备给中国境内某企业使用
D. 美国某公司出租一栋别墅给中国境内某企业，用于其美国分公司办公使用
6. 根据增值税法律制度的规定，一般纳税人销售的下列货物中，适用10%税率的是（　　）。
A. 洗衣液　　B. 文具盒　　C. 杂粮　　D. 玉米胚芽
7. 根据增值税法律制度的规定，纳税人销售货物向购买方收取的下列款项中，属于价外费用的有（　　）。
A. 延期付款利息　　B. 赔偿金
C. 手续费　　D. 包装物租金
8. 下列关于包装物的增值税处理正确的有（　　）。
A. 随同货物销售而出租包装物的租金一律在收取时作为价外费用并入销售额计征增值税
B. 一般货物包装物押金一律在收取时作为价外费用并入销售额计征增值税
C. 白酒包装物押金一律在收取时作为价外费用并入销售额计征增值税
D. 啤酒包装物押金一律在收取时作为价外费用并入销售额计征增值税
9. 下列关于增值税计税销售额的表述中，正确的有（　　）。
A. 金融企业转让金融商品，按照卖出价扣除买入价后的余额为销售额
B. 银行提供贷款服务，以提供贷款服务取得的全部利息及利息性质的收入为销售额
C. 建筑企业提供建筑服务适用一般计税方法的，以取得的全部价款和价外费用扣除支付的分包款后的余额为销售额

D. 房地产开发企业销售其开发的房地产项目，适用一般计税方法的，以取得的全部价款和价外费用，扣除受让土地时向政府部门支付的土地价款后的余额为销售额

10. 甲公司为增值税一般纳税人，其本月进口产品20万元，取得进口增值税专用缴款书上注明的增值税额为3.4万元；发生运输费用，取得增值税普通发票上注明的价税合计金额为2 220元；向农业生产者购入免税农产品3万元（简单加工后直接出售）；购入原材料30万元，增值税专用发票上注明的增值税额为5.1万元。已知：该企业取得发票、缴款书等均符合规定，并已认证、比对。则下列关于准予抵扣的进项税额中，说法正确的有（　　）。

A. 进口产品准予抵扣的进项税额为3.4万元

B. 运输费用准予抵扣的进项税额为220元

C. 购入免税农产品准予抵扣的进项税额为3 300元

D. 购入原材料准予抵扣的进项税额为5.1万元

11. 根据营业税改征增值税试点相关规定，一般纳税人企业下列各项中，进项税额准予抵扣的有（　　）。

A. 餐饮服务　　B. 广告服务　　C. 贷款服务　　D. 住宿服务

12. 根据增值税法律制度的规定，一般纳税人购进货物的下列进项税额中，不得从销项税额中抵扣的有（　　）。

A. 因管理不善造成被盗的购进货物的进项税额

B. 被执法部门依法没收的购进货物的进项税额

C. 被执法部门强令自行销毁的购进货物的进项税额

D. 因地震造成毁损的购进货物的进项税额

13. 根据增值税法律制度的规定，下列各项中，外购货物进项税额准予从销项税额中抵扣的有（　　）。

A. 将外购货物无偿赠送给客户　　B. 将外购货物作为投资提供给联营单位

C. 将外购货物分配给股东　　D. 将外购货物用于本单位职工福利

14. 纳税人下列行为中，享受增值税免税优惠的有（　　）。

A. 病虫害防治　　B. 金融同业往来利息

C. 个人转让自用手机　　D. 提供学历教育的学校收取的赞助费

15. 下列各项中，属于增值税专用发票基本联次的有（　　）。

A. 发票联　　B. 抵扣联　　C. 存根联　　D. 记账联

16. 下列各项中，符合增值税纳税义务发生时间的有（　　）。

A. 将货物交付他人代销，为收到代销清单或者收到全部或者部分货款的当天

B. 采用预收货款方式销售货物，为发出货物的当天

C. 采用分期付款结算方式的，为收到首期货款的当天

D. 销售应税劳务，为提供劳务同时收讫销售额或者取得索取销售款凭据的当天

17. 纳税人销售货物、加工修理修配劳务、服务、无形资产或者不动产适用不同税率或者征收率的，应当分别核算适用不同税率或者征收率的销售额，未分别核算销售额的，按照（ ）方法适用税率或者征收率。

A. 兼有不同税率的销售货物、加工修理修配劳务、服务、无形资产或者不动产，从高适用税率

B. 兼有不同征收率的销售货物、加工修理修配劳务、服务、无形资产或者不动产，从低适用征收率

C. 兼有不同征收率的销售货物、加工修理修配劳务、服务、无形资产或者不动产，从高适用征收率

D. 兼有不同税率和征收率的销售货物、加工修理修配劳务、服务、无形资产或者不动产，从高适用税率

18. 我国现行增值税税率包括（ ）。

A. 16% B. 10% C. 6% D. 0%

19. 根据《增值税暂行条例》的规定，下列关于包装物的增值税处理正确的有（ ）。

A. 随同货物销售而出租包装物的租金一律在收取时作为价外费用并入销售额计征增值税

B. 一般货物包装物押金一律在收取时作为价外费用并入销售额计征增值税

C. 白酒包装物押金一律在收取时作为价外费用并入销售额计征增值税

D. 啤酒包装物押金一律在收取时作为价外费用并入销售额计征增值税

20. 根据营业税改征增值税试点相关规定，一般纳税人发生的下列应税行为中，可以选择适用简易计税方法计缴增值税的有（ ）。

A. 电影放映服务 B. 文化体育服务

C. 收派服务 D. 公交客运服务

三、判断题

1. 除个体经营者以外的其他个人不属于增值税一般纳税人。（ ）

2. 外购进口的原属于中国境内的货物，不征收进口环节增值税。（ ）

3. 电力公司向发电企业收取的过网费，应当征收增值税。（ ）

4. 私营企业进口残疾人专用的物品免征增值税。（ ）

5. 个人转让著作权免征增值税。（ ）

6. 纳税人采取委托银行收款方式销售货物时，增值税纳税义务发生时间为银行收到货款的当天。（ ）

7. 小规模纳税人销售货物或者提供应税劳务需要开具专用发票的，可以向主管税务机关申请代开。（ ）

8. 赵某于2018年5月出售自有房屋一套，售价880万元，由于销售服务、无形资

产或不动产的年应税销售额超过500万元，因此应当登记为一般纳税人。（　　）

9. 包装物押金均属于价外费用，在销售货物时随同货款一并计算增值税税款。（　　）

10. 增值税扣缴义务发生时间为纳税人增值税纳税义务发生的当天。（　　）

11. 纳税人进口货物，应当自海关填发进口增值税专用缴款书之日起10日内缴纳税款。（　　）

12. 根据增值税法律制度的规定，固定业户应当向其机构所在地的主管税务机关申报纳税，如总机构和分支机构不在同一县（市），则应由总机构汇总向总机构所在地的主管税务机关申报纳税。（　　）

13. 因被执法部门依法没收或者强令自行销毁的货物，其进项税额不得抵扣。（　　）

14. 增值税纳税人向消费者个人销售服务、无形资产或者不动产的，不得开具增值税专用发票。（　　）

15. 增值税一般纳税人将自产的货物无偿赠送他人的，不征收增值税。（　　）

16. 增值税一般纳税人从事增值税应税行为，一律适用16%的基本税率。（　　）

17. 小规模纳税人销售货物的金额通常都是不含税销售额。（　　）

18. 纳税人采取委托银行收款方式销售货物时，增值税纳税义务发生时间为银行收到货款的当天。（　　）

19. 增值税纳税人的具体纳税期限，由税务机关根据纳税人业务量的多少分别核定。（　　）

20. 不能按固定期限缴纳增值税的，可以按次纳税。（　　）

项目3　消费税

知识结构

一、消费税的纳税人

在中华人民共和国境内生产、委托加工和进口应税消费品的单位和个人。

二、消费税征税范围

1. 生产应税消费品
2. 委托加工应税消费品
3. 进口应税消费品
4. 零售应税消费品
（1）商业零售金银首饰。
（2）零售超豪华小汽车。
5. 批发销售卷烟

三、消费税税目

1. 烟
2. 酒
3. 高档化妆品
4. 贵重首饰及珠宝玉石
5. 鞭炮、焰火
6. 成品油
7. 摩托车
8. 小汽车
9. 高尔夫球及球具
10. 高档手表

11. 游艇
12. 木制一次性筷子
13. 实木地板
14. 电池
15. 涂料

四、消费税税率

1. 比例税率
2. 定额税率

五、消费税应纳税额的计算

1. 销售额的确定

（1）从价计征销售额的确定

（2）从量计征销售数量的确定

（3）复合计征销售额和销售数量的确定

（4）特殊情形下销售额和销售数量的确定

2. 应纳税额的计算

（1）生产销售应纳消费税的计算。

①从价定率：应纳税额＝销售额×比例税率

②从量定额：应纳税额＝销售数量×定额税率

③复合计征：应纳税额＝销售额×比例税率＋销售数量×定额税率

（2）自产自用、委托加工、进口环节应纳消费税的计算。

$$\text{组成计税价格}=\frac{\left(\begin{array}{c}\text{生产环节：成本}+\text{利润}\\ \text{委托加工环节：材料成本}+\text{加工费}\\ \text{进口环节：关税完税价格}+\text{关税}\end{array}\right)+\text{定额消费税}}{1-\text{消费税税率}}$$

①从价定率：应纳税额＝组成计税价格×比例税率

②复合计征：应纳税额＝组成计税价格×比例税率＋数量×定额税率

3. 已纳消费税的扣除

六、消费税征收管理

1. 纳税义务发生的时间
2. 纳税地点
3. 纳税期限

知识点及学习要求

知 识 点	学习要求			
	知识要求		操作要求	
	了解	掌握	会	熟练
项目3 消费税				
3.1 消费税税目	√		√	
3.2 消费税征税范围与纳税环节		√		√
3.3 消费税税率	√		√	
3.4 消费税的计算		√		√
3.5 消费税征收管理	√		√	

3.1 消费税税目

一、判断题

1. 购进中轻型商用客车整车改装生产的汽车，不征收消费税。（ ）
2. 企业加工生产的宝石坯不属于消费税的征税范围。（ ）
3. 舞台、戏剧、影视演员化妆用的上妆油、卸妆油、油彩，不属于消费税的征收范围。（ ）
4. 消费税属于流转税、中央税、价内税。（ ）
5. 消费税属于价外税。（ ）
6. 我国目前的消费税对消费品实行普遍征收。（ ）
7. 所有征收增值税的消费品都征收消费税。（ ）

二、单项选择题

1. 根据消费税法律制度的规定，下列各项中，属于消费税征税范围的是（ ）。
A. 中轻型商用客车 B. 高档西服
C. 进口音响 D. 平板电脑
2. 根据消费税法律制度的规定，下列各项中，不征收消费税的是（ ）。
A. 体育上用的发令纸 B. 爆竹
C. 礼花弹 D. 组合烟花
3. 根据消费税法律制度的规定，下列各项中，不征收消费税的是（ ）。
A. 高档指甲油 B. 高档眉笔 C. 沐浴液 D. 高档香水

4. 根据消费税法律制度的规定，下列各项中，应征收消费税的是（　　）。

A. 电动汽车　　B. 实木地板　　C. 调味料酒　　D. 农用拖拉机

5. 根据消费税法律制度的规定，下列各项中，属于消费税应税消费品的是（　　）。

A. 高档西服　　B. 汽油　　C. 电冰箱　　D. 电视机

6. 我国目前的消费税对消费品实行（　　）。

A. 普遍征收　　B. 列举征收　　C. 全部征收　　D. 可自设征收

7. 目前我国的消费税共列举（　　）个税目的征税范围。

A. 12　　B. 13　　C. 14　　D. 15

8. 下列消费品不属于消费税的征收对象的是（　　）。

A. 小汽车　　B. 木制一次性筷子　　C. 高档手表　　D. 汽车轮胎

9. 下列消费品中，既征收增值税又征收消费税的是（　　）。

A. 数码相机　　B. 白酒　　C. 复合地板　　D. 巧克力

10. 下列商品中，不属于我国消费税征收范围的是（　　）。

A. 化妆品　　B. 汽车轮胎　　C. 实木地板　　D. 鞭炮

三、多项选择题

1. 下列各项中，应按照“高档化妆品”税目计缴消费税的有（　　）。

A. 高档护肤类化妆品　　B. 成套化妆品

C. 高档修饰类化妆品　　D. 高档美容类化妆品

2. 根据消费税法律制度的规定，下列各项中，属于消费税征税范围的有（　　）。

A. 电动汽车　　B. 汽油　　C. 烟丝　　D. 啤酒

3. 根据消费税法律制度的规定，下列消费品中，属于消费税征税范围的有（　　）。

A. 柴油　　B. 摩托车　　C. 珠宝玉石　　D. 烟丝

4. 下列应当征收消费税的是（　　）。

A. 酒精　　B. 高档化妆品　　C. 小汽车　　D. 护肤护发品

3.2　消费税征税范围与纳税环节

一、判断题

1. 石化厂销售的汽油应征收消费税不征收增值税。（　　）

2. 委托加工应税消费品的纳税义务人是受托方。（　　）

3. 酒厂将自产的5箱普通白酒移送到厂工会用于奖励先进员工，在移送使用环节不缴纳消费税。（　　）

4. 纳税人将自产应税消费品用于连续生产应税消费品的，应缴纳消费税。（　　）

5. 委托加工的应税消费品，除受托方为个人的外，应由受托方在向委托方交货时代

收代缴消费税。（ ）

二、单项选择题

1. 消费税属于（ ）。

A. 价内税　　B. 价外税转价内税

C. 价外税　　D. 价内税转价外税

2. 下列应税消费品中，在零售环节征收消费税的是（ ）。

A. 高档化妆品　　B. 成品油　　C. 金银首饰　　D. 烟

3. 下列各项中，不属于消费税纳税义务人的是（ ）。

A. 生产应税消费品的单位和个人

B. 委托加工应税消费品的单位和个人

C. 流通环节购买应税消费品的单位和个人

D. 进口应税消费品的单位和个人

4. 下列各项中，应同时征收增值税和消费税的是（ ）。

A. 零售环节销售的卷烟　　B. 零售环节销售的鞭炮

C. 生产环节销售的普通护肤护发品　　D. 进口环节购进的小汽车

5. 根据消费税法律制度的规定，下列各项中，不征收消费税的是（ ）。

A. 酒厂用于交易会样品的自产白酒

B. 卷烟厂用于连续生产卷烟的自产烟丝

C. 日化厂用于职工奖励的自产高档化妆品

D. 地板厂用于本厂办公室装修的自产实木地板

6. 根据消费税法律制度的规定，下列各项中，不属于消费税纳税人的是（ ）。

A. 金银首饰零售商　　B. 高档化妆品进口商

C. 涂料生产商　　D. 鞭炮批发商

7. 根据消费税法律制度的规定，下列行为中，不缴纳消费税的是（ ）。

A. 首饰店零售金银首饰

B. 烟草批发企业将卷烟销售给其他烟草批发企业

C. 外贸公司进口高档手表

D. 小汽车生产企业将自产小汽车奖励给优秀员工

8. 根据消费税法律制度的规定，下列各项中，不需要征收消费税的是（ ）。

A. 加工生产白酒　　B. 零售金银首饰

C. 批发实木地板　　D. 进口木制一次性筷子

9. 根据消费税法律制度的规定，下列各项中，应缴纳消费税的是（ ）。

A. 商场销售卷烟　　B. 商场销售白酒

C. 商场销售金银首饰　　D. 商场销售化妆品

10. 根据消费税法律制度的规定，下列各项中，不属于消费税纳税义务人的是（ ）。

A. 高档化妆品进口商
B. 鞭炮批发商
C. 钻石零售商
D. 卷烟生产商

11. 下列纳税人自产自用应税消费品，不需缴纳消费税的有（　　）。
A. 汽车厂将自产的汽车用于赠送客户
B. 日化厂自产化妆品用于广告样品
C. 卷烟厂自产的烟丝用于生产卷烟
D. 鞭炮厂将自产的鞭炮用于本厂厂商

12. 下列各项中，应征收消费税的是（　　）。
A. 超市零售白酒
B. 汽车厂销售自产电动汽车
C. 地板厂销售自产实木地板
D. 百货公司零售高档化妆品

三、多项选择题

1. 下列各项中，应同时征收增值税和消费税的有（　　）。
A. 批发环节销售的卷烟
B. 生产销售的小汽车
C. 零售环节销售的金银首饰
D. 生产销售的化妆品

2. 2018 年 12 月甲酒厂发生的下列业务中，应缴纳消费税的有（　　）。
A. 以自产低度白酒用于奖励职工
B. 以自产高度白酒用于馈赠客户
C. 以自产高度白酒用于连续加工低度白酒
D. 以自产低度白酒用于市场推广

3. 根据消费税法律制度的规定，下列业务中，应征收消费税的有（　　）。
A. 烟草批发企业将卷烟销售给零售单位
B. 地板经销商提供实木地板保养服务
C. 外贸公司进口高档手表
D. 金店零售金银首饰

4. 根据消费税法律制度的规定，下列各项中，应征收消费税的有（　　）。
A. 甲电池厂生产销售电池
B. 丁百货公司零售钻石胸针
C. 丙首饰厂生产销售玉手镯
D. 乙超市零售啤酒

5. 根据消费税法律制度的规定，下列情形中，应缴纳消费税的有（　　）。
A. 卷烟厂将自产的卷烟用于个人消费
B. 化妆品厂将自产的高档化妆品赠送给客户
C. 酒厂将自产的啤酒赞助啤酒节
D. 地板厂将自产的实木地板用于办公室装修

6. 根据消费税法律制度的规定，下列情形中，应缴纳消费税的有（　　）。
A. 将自产的高档化妆品赠予他人
B. 将自产的鞭炮赠送他人
C. 将自产的啤酒用于赞助
D. 将自产的钻石用于零售

7. 根据消费税法律制度的规定，下列各项中，需要计算缴纳消费税的是（　　）。
A. 汽车专卖店销售超豪华小汽车
B. 珠宝店进口钻石饰品

C. 烟草专卖店零售卷烟　　D. 酒厂委托加工白酒

8. 根据消费税法律制度的规定，下列各项中，不属于消费税纳税人的有（　　）。

A. 白酒生产企业　　B. 珠宝首饰零售商

C. 鞭炮零售商　　D. 红酒进口商

9. 下列各项中，属于消费税征收范围的是（　　）。

A. 汽车销售公司销售小轿车　　B. 木材公司销售自产的实木地板

C. 百货公司销售的化妆品　　D. 烟草公司销售自产的烟丝

3.3 消费税税率

一、判断题

1. 高档化妆品适用定额税率。（　　）

2. 适用定额税率的只有啤酒和黄酒两类消费品。（　　）

3. 雪茄烟适用从价定率和从量定额相结合的复合计征办法征收消费税。（　　）

4. 高档手表采用从量计征方法计缴消费税。（　　）

二、单项选择题

1. 下列选项同时适用比例税率和定额税率的是（　　）。

A. 啤酒　　B. 汽油　　C. 白酒　　D. 黄酒

2. 下列选项适用定额税率的是（　　）。

A. 啤酒　　B. 卷烟　　C. 粮食白酒　　D. 薯类白酒

3. 下列选项适用复合税率的有（　　）。

A. 雪茄烟　　B. 烟丝　　C. 化妆品　　D. 薯类白酒

4. 根据《消费税暂行条例》规定，汽车轮胎适用的消费税税率是（　　）。

A. 10%　　B. 3%　　C. 15%　　D. 不征消费税

5. 根据消费税法律制度的规定，下列消费品中，实行从价定率和从量定额相结合的复合计征办法征收消费税的是（　　）。

A. 啤酒　　B. 汽油　　C. 卷烟　　D. 高档手表

6. 根据消费税法律制度的规定，下列各项中，采取从价定率和从量定额相结合的复合计征办法征收消费税的是（　　）。

A. 黄酒　　B. 啤酒　　C. 果木酒　　D. 白酒

7. 根据消费税法律制度的规定，下列消费品中，实行从价定率和从量定额相结合的复合计征办法征收消费税的是（　　）。

A. 汽油　　B. 香烟　　C. 啤酒　　D. 实木地板

三、多项选择题

1. 下列各项应税消费品在计算应纳消费税税额时采用定额税率从量计征的有（　　）。

A. 烟丝　　B. 酒精　　C. 汽油　　D. 黄酒

2. 我国现行的消费税税率主要有（　　）。

A. 比例税率　　B. 平均税率　　C. 定额税率　　D. 累进税率

3. 下列选项同时适用比例税率和定额税率的是（　　）。

A. 啤酒　　B. 卷烟　　C. 粮食白酒　　D. 黄酒

4. 我国现行消费税的税率包括（　　）。

A. 比例税率　　B. 定额税率　　C. 累进税率　　D. 差别税率

5. 根据消费税法律制度的规定，下列应税消费品中，实行从量定额计征消费税的有（　　）。

A. 电池　　B. 涂料　　C. 柴油　　D. 黄酒

6. 根据消费税法律制度的规定，下列消费品中，实行从价定率和从量定额相结合的复合计征办法征收消费税的有（　　）。

A. 白酒　　B. 卷烟　　C. 啤酒　　D. 烟丝

7. 根据消费税法律制度的规定，下列各项中，实行从价计征消费税的有（　　）。

A. 高档手表　　B. 烟丝　　C. 高尔夫球　　D. 黄酒

3.4　消费税的计算

一、判断题

1. 纳税人将自产的应税消费品发放给本企业职工，应视同销售征收增值税和消费税。（　　）

2. 企业在没有同类产品售价的情况下，可以按企业的实际成本利润率推算计税价来计算该类产品的应纳消费税。（　　）

3. 将委托加工收回的应税消费品继续生产应税消费品销售的，不得扣除委托加工收回应税消费品已缴纳的消费税。（　　）

4. 纳税人将自产的应税消费品用于本企业连续生产应税消费品的应缴纳消费税。（　　）

5. 纳税人将自产的应税消费品用于本企业生产基建工程的应税消费品应缴纳消费税。（　　）

6. 纳税人将自产的应税消费品用于捐助慈善机构的应税消费品应缴纳消费税。（　　）

7. 纳税人将自产的应税消费品用于职工福利的应税消费品应缴纳消费税。（　　）

8. 纳税人将自产的应税消费品用于本企业生产基建工程的应税消费品应缴纳消费税。（　　）

9. 消费税计税销售额是指含消费税且含增值税的销售额。（　　）

10. 甲企业委托乙企业加工应税消费品，是指甲企业发料、乙企业加工。（　　）

11. 纳税人通过自设非独立核算门市部销售的自产应税消费品，应当按照门市部对外销售额或者销售数量征收消费税。（　　）

12. 红酒生产企业销售红酒收取的包装物押金应并入红酒销售额，征收消费税。（　　）

13. 纳税人采用以旧换新方式销售的金银首饰，应按实际收取的不含增值税的全部价款征收消费税。（　　）

二、单项选择题

1. 纳税人自产用于下列用途的应税消费品中，不需要缴纳消费税的是（　　）。

A. 用于赞助的消费品　　B. 用于职工福利的消费品

C. 用于广告的消费品　　D. 适用于连续生产应税消费品的消费品

2. 根据现行消费税税法的规定，下列计算卷烟消费税应纳税额的公式正确的是（　　）。

A. 应纳税额＝销售额×比例税率＋销售数量×定额税率

B. 应纳税额＝销售额×定额税率＋销售数量×比例税率

C. 应纳税额＝销售额×比例税率

D. 应纳税额＝销售额×定额税率

3. 根据现行消费税税法的规定，下列计算白酒的消费税应纳税额的公式正确的是（　　）。

A. 应纳税额＝销售额×比例税率＋销售数量×定额税率

B. 应纳税额＝销售额×定额税率＋销售数量×比例税率

C. 应纳税额＝销售额×比例税率

D. 应纳税额＝销售额×定额税率

4. 根据现行消费税税法的规定，下列计算高档化妆品的消费税应纳税额公式正确的是（　　）。

A. 应纳税额＝销售额×比例税率＋销售数量×定额税率

B. 应纳税额＝销售额×定额税率＋销售数量×比例税率

C. 应纳税额＝销售额×比例税率

D. 应纳税额＝销售额×定额税率

5. 甲企业委托乙企业加工应税消费品，是指（　　）。

A. 甲企业发料，乙企业加工

B. 甲企业委托乙企业购买原材料，由乙企业加工

C. 甲企业发订单，乙企业按甲企业的要求加工

D. 甲企业先将资金划给乙企业，乙企业以甲企业的名义购料并加工

6. 实行从价定率征税的应税消费品，其计税依据是（　　）。

A. 含消费税和增值税的销售额　　B. 含消费税而不含增值税的销售额

C. 含增值税而不含消费税的销售额　　D. 不含消费税和增值税的销售额

7. 纳税人销售应税消费品时，发生价款和增值税税款合并收取的现象，计算消费税的应税消费品销售额的公式是（　　）。

A. 含增值税的销售额/(1 - 增值税税率或征收率)

B. 含增值税的销售额/(1 + 增值税税率或征收率)

C. 含增值税的销售额/(1 - 消费税税率)

D. 含增值税的销售额/(1 + 消费税税率)

8. 某啤酒厂2018年9月生产了15 000吨生啤，当月销售了10 000吨，取得含税销售收入116万元。则啤酒厂应缴纳消费税的计税依据为（　　）。

A. 100万元　　B. 116万元　　C. 10 000吨　　D. 15 000吨

9. 甲地板厂为增值税一般纳税人，2018年11月销售自产实木地板取得含增值税销售额110.2万元。已知实木地板增值税税率为16%，消费税税率为5%，甲地板厂当月该业务应缴纳消费税税额的下列计算中，正确的是（　　）。

A. $110.2 \div (1 + 16\%) \times 5\% = 4.75$（万元）

B. $110.2 \div (1 - 5\%) \times 5\% = 5.8$（万元）

C. $110.2 \times 5\% = 5.51$（万元）

D. $110.2 \div (1 + 16\%) \div (1 - 5\%) \times 5\% = 5$（万元）

10. 甲酒厂为增值税一般纳税人，2018年5月销售果木酒，取得不含增值税销售额10万元，同时收取包装费0.58万元、优质费2.32万元。已知果木酒消费税税率为10%，增值税税率为16%，甲酒厂当月销售果木酒应缴纳消费税税额的下列计算中，正确的是（　　）。

A. $(10 + 0.58 + 2.32) \times 10\% = 1.29$（万元）

B. $(10 + 0.58) \times 10\% = 1.058$（万元）

C. $[10 + (0.58 + 2.32) \div (1 + 16\%)] \times 10\% = 1.25$（万元）

D. $[10 + 0.58 \div (1 + 16\%)] \times 10\% = 1.05$（万元）

11. 甲化妆品厂为增值税一般纳税人，下设非独立核算门市部。2018年11月将生产的一批高档化妆品移交门市部零售，门市部取得含增值税销售额116万元，该批高档化妆品的出库价为90万元。已知，甲化妆品厂生产的高档化妆品适用的增值税税率为16%、消费税税率为15%，甲化妆品厂该笔业务应缴纳消费税税额的下列计算中，正确的是（　　）。

A. $90 \times 15\% = 13.5$（万元）

B. $116 \times 15\% = 17.4$（万元）

C. 116 ÷ (1 + 16%) × 15% = 15 (万元)

D. 116 ÷ (1 + 16%) ÷ (1 − 15%) × 15% = 17.65 (万元)

12. 甲汽车厂将1辆生产成本5万元的自产小汽车用于抵偿债务，同型号小汽车不含增值税的平均售价为10万元/辆，不含增值税最高售价为12万元/辆。已知小汽车消费税税率为5%。甲汽车厂该笔业务应缴纳消费税税额的下列计算中，正确的是（ ）。

A. 1 × 5 × 5% = 0.25 (万元)

B. 1 × 10 × 5% = 0.5 (万元)

C. 1 × 12 × 5% = 0.6 (万元)

D. 1 × 5 × (1 + 5%) × 5% = 0.262 5 (万元)

13. 根据消费税法律制度的规定，下列各项中，应当以纳税人同类小汽车的最高销售价格作为计税依据计算缴纳消费税的是（ ）。

A. 将自产小汽车用于广告宣传

B. 将自产小汽车用于抵偿债务

C. 将自产小汽车用于管理部门

D. 将自产小汽车用于职工奖励

14. 2018年3月，甲酒厂销售自产红酒，取得含增值税价款46.4万元，另收取包装物押金2.32万元、手续费1.16万元。已知红酒增值税税率为16%，消费税税率为10%。甲酒厂该笔业务应缴纳消费税税额的下列计算中，正确的是（ ）。

A. (46.4 + 1.16) ÷ (1 + 16%) × 10% = 4.1 (万元)

B. 46.4 ÷ (1 + 16%) × 10% = 4 (万元)

C. (46.4 + 2.32 + 1.16) ÷ (1 + 16%) × 10% = 4.3 (万元)

D. (46.4 + 2.32) ÷ (1 + 16%) × 10% = 4.2 (万元)

15. 某化妆品厂销售高档化妆品取得含税收入46.4万元，收取手续费1.5万元，另收取包装物押金1万元。已知，增值税税率为16%，消费税税率为15%。以下关于该化妆品厂本月应交消费税的计算中，正确的是（ ）。

A. 46.4 × 15% = 6.96 (万元)

B. 46.4 ÷ (1 + 16%) × 15% = 6 (万元)

C. (46.4 + 1.5) ÷ (1 + 16%) × 15% = 6.194 0 (万元)

D. (46.4 + 1.5 + 1) ÷ (1 + 16%) × 15% = 6.323 3 (万元)

16. 根据消费税法律制度的规定，下列各项中，应按纳税人同类应税消费品的最高销售价格作为计税依据计征消费税的是（ ）。

A. 用于无偿赠送的应税消费品

B. 用于集体福利的应税消费品

C. 用于换取生产资料的应税消费品

D. 用于连续生产非应税消费品的应税消费品

17. 2018年10月，甲烟草批发企业向乙卷烟零售店销售卷烟200标准条，取得不含增值税销售额20 000元；向丙烟草批发企业销售卷烟300标准条，取得不含增值税销售额为30 000元。已知卷烟批发环节消费税比例税率为11%，定额税率为0.005元/支；每标准条200支卷烟。甲烟草批发企业上述业务应缴纳消费税税额的下列计算中，正确的是（ ）。

A. 20 000 × 11% + 200 × 200 × 0.005 = 2 400（元）

B. 20 000 × 11% + 200 × 200 × 0.005 + 30 000 × 11% + 300 × 200 × 0.005 = 6 000（元）

C. 20 000 × 11% + 30 000 × 11% = 5 500（元）

D. 30 000 × 11% + 300 × 200 × 0.005 = 3 600（元）

18. 2018 年 3 月甲公司进口一批高档手表，海关审定的关税完税价格为 100 万元，缴纳关税 30 万元，已知高档手表消费税税率为 20%，甲公司当月进口高档手表应缴纳消费税的下列计算中，正确的是（　　）。

A. （100 + 30）× 20% = 26（万元）

B. （100 + 30）÷（1 − 20%）× 20% = 32.5（万元）

C. 100 × 20% = 20（万元）

D. 100 ÷（1 − 20%）× 20% = 25（万元）

19. 根据消费税法律制度的规定，下列各项中，委托加工收回的应税消费品的已纳税款可以扣除的是（　　）。

A. 以委托加工收回的已税小汽车为原料生产的小汽车

B. 以委托加工收回的已税高档化妆品为原料生产的高档化妆品

C. 以委托加工收回的已税珠宝、玉石为原料生产的金银首饰

D. 以委托加工收回的已税白酒为原料生产的白酒

20. 某公司为增值税一般纳税人，外购高档护肤类化妆品，生产高档修饰类化妆品，2018 年 10 月份生产销售高档修饰类化妆品取得不含税销售收入 100 万元。该公司 10 月初库存的高档护肤类化妆品 0 万元，10 月购进高档护肤类化妆品 100 万元，10 月底库存高档护肤类化妆品 10 万元，已知高档化妆品适用的消费税税率为 15%。则该公司当月应缴纳消费税的下列计算中，正确的是（　　）。

A. 100 × 15% − 100 × 15% = 0

B. 100 × 15% −（100 − 10）× 15% = 1.5（万元）

C. 100 × 15% − 10 × 15% = 13.5（万元）

D. 100 × 15% = 15（万元）

三、多项选择题

1. 下列各项中，应当交消费税的有（　　）。

A. 纳税人将自产的应税消费品用于本企业连续生产的应税消费品

B. 纳税人将自产的应税消费品用于奖励代理商销售业绩的应税消费品

C. 纳税人将自产的应税消费品用于本企业生产基建工程的应税消费品

D. 纳税人将自产的应税消费品用于捐助慈善机构的应税消费品

2. 视同销售计征消费税的消费品有（　　）。

A. 纳税人将自产的应税消费品用于连续生产的应税消费品

B. 纳税人将自产的应税消费品用于职工福利的应税消费品

C. 纳税人将自产的应税消费品用于奖励的应税消费品

D. 纳税人将自产的应税消费品用于委托加工的应税消费品

3. 应收消费税的产品有（ ）。

A. 将自产的应税消费品用来奖励职工　　B. 将出厂前的化妆品进行化学试验

C. 自行车轮胎　　D. 作为展销品的化妆品

4. 下列关于消费税计税销售额的说法中，不正确的有（ ）。

A. 含消费税且含增值税的销售额　　B. 含消费税而不含增值税的销售额

C. 不含消费税而含增值税的销售额　　D. 不含消费税也不含增值税的销售额

5. 根据消费税法律制度的规定，下列情形中，应以纳税人同类应税消费品的最高销售价格作为计税依据计算消费税的有（ ）。

A. 将自产应税消费品用于换取生产资料　　B. 将自产应税消费品用于投资入股

C. 将自产应税消费品用于无偿赠送　　D. 将自产应税消费品用于抵债

6. 甲酒厂主要从事白酒生产销售业务。该酒厂销售白酒收取的下列款项中，应并入销售额缴纳消费税的有（ ）。

A. 向 Z 公司收取的储备费　　B. 向 Y 公司收取的品牌使用费

C. 向 X 公司收取的包装物租金　　D. 向 W 公司收取的产品优质费

7. 根据消费税法律制度的规定，酒厂生产销售白酒，收取的下列款项中，应并入销售额缴纳消费税的有（ ）。

A. 品牌使用费　　B. 优质费

C. 包装物租金　　D. 储备费

8. 根据消费税法律制度的规定，下列各项中，应并入白酒的销售额计征消费税的有（ ）。

A. 优质费　　B. 逾期付款违约金

C. 包装物的押金　　D. 品牌使用费

9. 纳税人外购和委托加工收回的应税消费品，用于连续生产应税消费品的，已缴纳的消费税税款准予从应纳消费税税额中抵扣。下列各项中，不得扣除已缴纳的消费税的有（ ）。

A. 委托加工收回的已税酒精用于生产白酒

B. 委托加工收回的已税玉石用于生产金银镶嵌首饰

C. 委托加工收回的已税高档化妆品用于生产普通化妆品

D. 委托加工收回的已税烟丝用于生产卷烟

四、计算题

1. 某企业于 2018 年 5 月销售本企业生产的 C 类高档化妆品，取得销售额 580 000 元（不含增值税）。已知高档化妆品适用的消费税税率为 15%，请计算该企业 2018 年 5 月应纳的消费税税额。

2. 某酒厂于2018年6月销售黄酒120吨，取得含增值税的价款540 000元。已知黄酒适用的增值税税率为16%，消费税税率为240元/吨，请计算该酒厂2018年6月应纳的消费税税额。

3. 某酒厂2018年5月份销售啤酒52吨，啤酒不含税的销售单价为3 600元/吨，已知甲类啤酒适用的消费税税率为250元/吨，乙类啤酒适用的消费税税率为220元/吨，请计算该酒厂5月份应纳的消费税税额。

4. 莎莎化妆品有限公司销售索伏特牌高档化妆品，2018年5月的销售额为3 000 000元（不含增值税）。已知高档化妆品适用的消费税税率为15%，请计算该公司2018年5月份应纳的消费税税额。

5. 北京热带雨林酒业有限公司2018年5月销售白酒67 959斤，取得不含税的销售额611 631元。已知白酒适用的消费税比例税率为20%，定额税率为0.5元/500克，请计算该公司5月份应纳的消费税税额。

3.5 消费税征收管理

一、判断题

1. 消费税的纳税人以15日、1个月或1个季度为1个纳税期限的，自期满之日起15日内申报纳税。（　　）

2. A市甲企业委托B市乙企业加工一批应税消费品，该批消费品应缴纳的消费税税款应由乙企业向B市税务机关解缴。（　　）

二、单项选择题

1. 纳税人以一个月为一期纳税的，自期满之日起（　　）日内申报纳税。

A. 3　　B. 5　　C. 10　　D. 15

2. 以1日、3日、5日、10日或15日为一期纳税的，自期满之日起（　　）日内预缴。

A. 3　　B. 5　　C. 10　　D. 15

3. 下列各项中，属于消费税纳税期限的是（　　）。

A. 15日　　B. 20日　　C. 45日　　D. 60日

4. 根据消费税法律制度的规定，下列关于消费税纳税义务发生时间的表述中，不正确的是（　　）。

A. 纳税人自产自用应税消费品的，为移送使用的当天

B. 纳税人进口应税消费品的，为报关进口的当天

C. 纳税人委托加工应税消费品的，为支付加工费的当天

D. 纳税人采取预收货款结算方式销售应税消费品的，为发出应税消费品的当天

5. 根据消费税法律制度的规定，下列关于消费税纳税地点的表述中，正确的是（　　）。

A. 纳税人销售的应税消费品，除另有规定外，应当向纳税人机构所在地或居住地的主管税务机关申报纳税

B. 纳税人总机构与分支机构不在同一省的，由总机构汇总向总机构所在地的主管税务机关申报纳税

C. 进口的应税消费品，由进口人或者其代理人向机构所在地的主管税务机关申报纳税

D. 委托加工的应税消费品，受托方为个人的，由受托方向居住地的主管税务机关申报纳税

三、多项选择题

1. 消费税的纳税期限分别为（　　）。

A. 1日　　B. 3日　　C. 5日　　D. 10日

E. 15 日　　　　F. 1 个月

2. 根据消费税法律制度的规定，下列关于消费税纳税义务发生时间的表述中，正确的有（　　）。

A. 纳税人自产自用应税消费品的，为移送使用的当天

B. 纳税人委托加工应税消费品的，为支付加工费的当天

C. 纳税人进口应税消费品的，为报关进口的当天

D. 纳税人销售应税消费品采取预收款方式的，为发出应税消费品的当天

3. 根据消费税法律制度的规定，关于消费税纳税义务发生时间的下列表述中，正确的有（　　）。

A. 纳税人采取预收货款结算方式销售应税消费品的，为收到预收款的当天

B. 纳税人自产自用应税消费品的，为移送使用的当天

C. 纳税人委托加工应税消费品的，为纳税人提货的当天

D. 纳税人进口应税消费品的，为报关进口的当天

项目4 企业所得税

知识结构

一、企业所得税纳税人

1. 居民企业
2. 非居民企业

二、企业所得税征税对象

1. 居民企业

境内、境外所得纳税。

2. 非居民企业

（1）在境内设立机构、场所的：境内所得及取得所得与所设机构场所有实际联系的境外所得纳税。

（2）未设机构、场所的：仅就境内所得纳税。

3. 所得来源地的确定原则

三、企业所得税税率

（1）基本税率：25%。

（2）优惠税率：20%、15%。

四、企业所得税应纳税所得额的计算

应纳税所得额＝收入总额－不征税的收入－免税收入－各项扣除－以前年度亏损

1. 收入总额

销售货物收入、提供劳务收入、转让财产收入、股息红利等权益性投资收益、利息

收入、租金收入、特许权使用费收入、接受捐赠收入、其他收入。

2. 不征税收入

财政拨款、行政性事业收费及政府基金、国务院规定的其他不征税的收入。

3. 免税收入

国债利息收入；符合条件的居民企业之间的股息、红利收益等。

4. 税前扣除项目

成本、费用、税金、损失及其他支出。

5. 扣除标准

（1）工资、薪金支出。

（2）三项经费。

①职工福利费：不超过工资薪金总额的14%。

②工会经费：不超过工资薪金总额的2%。

③职工教育经费：不超过工资薪金总额8%的部分准予扣除；超过的部分允许在以后纳税年度结转扣除。

（3）利息费用。

（4）公益性捐赠：不超过年度利润总额的12%。

（5）业务招待费：按照发生额的60%扣除，不超过当年销售收入的5‰。

（6）广告费和业务宣传费：不超过当年销售收入的15%。

6. 不得扣除项目

7. 亏损弥补

五、企业所得税应纳税额的计算

应纳税额＝应纳税所得额×适用税率－减免税额－抵免税额

六、企业所得税的税收优惠

七、企业所得税的征收管理

1. 纳税地点
2. 纳税期限
3. 纳税申报

知识点及学习要求

知识点	学习要求			
	知识要求		操作要求	
	了解	掌握	会	熟练
项目4 企业所得税				
4.1 企业所得税的征税范围		√	√	
4.2 企业所得税的税率	√		√	
4.3 企业所得税的计算		√		√
4.4 企业所得税的纳税期限	√			√
4.5 企业所得税的征收方式	√		√	

4.1 企业所得税的征税范围

一、判断题

1. 外国公司从我国境内取得的所得应向我国缴纳企业所得税。 （ ）
2. 应缴纳企业所得税的仅包括企业，事业单位有所得也不用缴纳企业所得税。 （ ）
3. 个人独资和合伙企业也应缴纳企业所得税。 （ ）
4. 利息所得都免税。 （ ）
5. 对国债利息收入可以免征企业所得税。 （ ）
6. 依照中国法律、行政法规成立的个人独资企业属于企业所得税纳税义务人。 （ ）

7. 非居民企业取得的来源于中国境外但与其在中国境内设立的机构、场所有实际联系的所得，应缴纳企业所得税。 （ ）

8. 非居民企业未在中国境内设立机构、场所的，仅就来源于中国境内的所得缴纳企业所得税。 （ ）

9. 居民企业应当仅就其来源于中国境内的所得缴纳企业所得税。 （ ）

10. 根据企业所得税法律制度的规定，居民企业就其来源于中国境内、境外的全部所得缴纳企业所得税，非居民企业仅就来源于中国境内的所得缴纳企业所得税。（ ）

二、单项选择题

1. 企业所得税的征税范围包括企业取得的（ ）、其他所得和清算所得。

A. 生产所得 B. 劳务所得 C. 经营所得 D. 生产经营所得

2. 以下可以免纳企业所得税的是（ ）。

A. 接受捐赠的所得　　B. 转让财物的所得
C. 租金所得　　D. 国债利息所得

3. 根据《企业所得税法》规定，下列收入中，属于不征税收入的是（　　）。
A. 接受捐赠收入
B. 国债利息收入
C. 依法收取并纳入财政管理的行政事业性收费
D. 租金收入

4. 根据《企业所得税法》规定，下列收入中，属于免税收入的是（　　）。
A. 财政拨款收入
B. 依法收取并纳入财政管理的政府性基金
C. 接受捐赠收入
D. 国债利息收入

5. 根据《企业所得税法》规定，下列收入中，应计入企业所得税应税收入的是（　　）。
A. 转让财产收入
B. 财政拨款收入
C. 国债利息收入
D. 依法收取并纳入财政管理的行政事业性收费

6. 下列不应缴纳企业所得税的是（　　）。
A. 社会团体　　B. 合伙企业
C. 事业单位　　D. 民办非企业单位

7. 根据企业所得税法律制度的规定，以下属于非居民企业的是（　　）。
A. 根据我国法律成立，实际管理机构在我国的丙公司
B. 根据外国法律成立，实际管理机构在我国的甲公司
C. 根据外国法律成立且实际管理机构在国外，在我国设立机构场所的公司
D. 根据我国企业法律成立，在国外设立机构场所的公司

三、多项选择题

1. 以下所得项目要缴纳企业所得税的是（　　）。
A. 销售货物所得　　B. 提供劳务所得　　C. 转让财物所得　　D. 租金所得

2. 企业所得税的征税范围包括（　　）。
A. 生产经营所得　　B. 其他所得　　C. 清算所得　　D. 以上都不是

3. 根据企业所得税法律制度的规定，下列依照中国法律、行政法规成立的公司、企业中，属于企业所得税纳税人的有（　　）。
A. 国有独资公司　　B. 合伙企业
C. 个人独资企业　　D. 一人有限责任公司

4. 根据企业所得税法律制度的规定，下列关于确定所得来源地的表述，正确的有（ ）。

A. 提供劳务所得，按照劳务发生地确定

B. 销售货物所得，按照交易活动发生地确定

C. 不动产转让所得，按照转让不动产的企业所在地确定

D. 股息所得，按照分配股息的企业所在地确定

5. 根据企业所得税法律制度的规定，下列关于所得来源地的确定，正确的有（ ）。

A. 销售货物所得，按照交易活动发生地确定

B. 不动产转让所得，按照转让不动产的企业或者机构、场所所在地确定

C. 股息、红利等权益性投资所得，按照分配所得的企业所在地确定

D. 权益性投资资产转让所得，按照投资企业所在地确定

4.2 企业所得税的税率

一、判断题

1. 我国对所有境内企业征收所得税的税率都是25%。（ ）

2. 小型微利企业的所得税税率为10%。（ ）

3. 对国家重点扶持的高新技术企业减按15%征收企业所得税。（ ）

4. 在中国境内设立机构、场所且取得的所得与其所设机构、场所有实际联系的非居民企业，适用的企业所得税税率为20%。（ ）

二、单项选择题

1. 企业所得税的基本税率为（ ）。

A. 25% B. 17% C. 20% D. 13%

2. 国家重点扶持的高新技术企业的所得税税率为（ ）。

A. 25% B. 20% C. 15% D. 10%

3. 小型微利企业的所得税税率为（ ）。

A. 25% B. 20% C. 15% D. 10%

4. 某小型微利企业2018年度应纳税所得额为10万元。则该企业2018年度应纳的企业所得税为（ ）万元。

A. 2 B. 1 C. 2.5 D. 1.5

5. 工业小型微利企业的条件是，年度应纳税所得不超过（ ）万元，从业人数不超过（ ）人，自产总额不超过3 000万元。

A. 30；100 B. 50；100 C. 100；80 D. 100；100

三、多项选择题

我国目前适用的企业所得税税率包括（　　）。

A. 25%　　B. 20%　　C. 15%　　D. 10%

4.3　企业所得税的计算

一、判断题

1. 企业所得税的计算分预缴税额和年终清缴税额的计算。（　　）
2. 年终应补（退）所得税额等于各月（或季）所得税额之和。（　　）
3. 税法规定，企业发生的符合条件的广告费和业务宣传费支出，不超过当年销售（营业）收入15%的部分，准予扣除；超过部分，准予在以后纳税年度结转扣除。（　　）
4. 企业发生的与生产经营活动有关的业务招待费支出，按照发生额的60%扣除，但最高不得超过当年销售（营业）收入的5%。（　　）
5. 所得税类税收的征收对象是一般收入，征税数额不受成本、费用、利润高低的影响。（　　）
6. 企业为促进商品销售，给予购买方的商业折扣应按扣除商业折扣后的余额确定销售收入，计算企业所得税应纳税额。（　　）
7. 企业接受捐赠所得不属于企业所得税的征税对象。（　　）
8. 企业已作为损失处理的资产，在以后纳税年度又全部或部分收回时，应当计入当期收入。（　　）

二、单项选择题

1. 企业所得税税额计算的基本公式是：（　　）×所得税税率

A. 利润　　B. 所得　　C. 收入　　D. 应纳税所得额

2. 企业所得税法规定，职工福利费的扣除比率是实发工薪支出的（　　）。

A. 10%　　B. 12%　　C. 14%　　D. 15%

3. 计算企业所得税时，职工教育经费按实发工薪支出的（　　）扣除。

A. 2%　　B. 2.5%　　C. 3%　　D. 8%

4. 计算企业所得税时，职工工会经费按实发工薪支出的（　　）扣除。

A. 2%　　B. 2.5%　　C. 3%　　D. 3.5%

5. 企业计算所得税时可以扣除的捐赠支出，只限于（　　）。

A. 公益性捐赠　　B. 救济性捐赠

C. 公益救济性捐赠　　D. 以上都可以

6. 根据《企业所得税法》规定，企业所得税应纳税所得额为（　　）。

A. 企业每一纳税年度的收入总额，减除不征税收入、免税收入、各项扣除以及允

许弥补的以前年度亏损后的余额

B. 企业每一纳税年度的收入总额，减除免税收入、各项扣除以及允许弥补的以前年度亏损后的余额

C. 企业每一纳税年度的收入总额，减除不征税收入、各项扣除以及允许弥补的以前年度亏损后的余额

D. 企业每一纳税年度的收入总额，减除不征税收入、免税收入、各项扣除后的余额

7. 在计算企业所得税应纳税所得额时，下列支出中，允许扣除的是（　　）。

A. 土地增值税税款　　B. 企业所得税税款

C. 税收滞纳金　　D. 向环保局缴纳的罚款

8. 企业某一纳税年度的亏损可以用下一年度的所得弥补，下一年度的所得不足以弥补的，可以逐年延续弥补，但最长不超过（　　）。

A. 3 年　　B. 5 年　　C. 7 年　　D. 10 年

9. 某企业年销售收入 1 000 万元，年实际发生业务招待费 10 万元，该企业可在所得税前列支的业务招待费金额是（　　）万元。

A. 5　　B. 6　　C. 8　　D. 10

10. 某企业销售收入 8 000 万元，该企业发生与生产经营有关的业务招待费 60 万元。该企业可税前扣除的业务招待费为（　　）万元。

A. 27　　B. 36　　C. 40　　D. 60

11. 根据企业所得税法律制度的规定，下列关于确定销售收入实现时间的表述中，正确的是（　　）。

A. 销售商品采用托收承付方式的，在收到货款时确认收入

B. 销售商品需要安装和检验的，在销售合同签订时确认收入

C. 销售商品采用支付手续费方式委托代销的，在发出代销商品时确认收入

D. 销售商品采用预收款方式的，在发出商品时确认收入

12. 以下符合《企业所得税》确认收入实现时间的是（　　）。

A. 销售商品采用托收承付方式的，在签订合同时确认

B. 销售商品采用支付手续费方式委托代销的，在销售时确认

C. 销售商品采用预收款方式的，在发出商品时确认

D. 销售商品需要安装，在商品发出时确认

13. 2018 年 9 月甲电子公司销售一批产品，含增值税价格 46.4 万元。由于购买数量多，甲电子公司给予购买方 9 折优惠。已知增值税税率为 16%，甲电子公司在计算企业所得税应纳税所得额时，应确认的产品销售收入为（　　）。

A. 40 万元　　B. 42.8 万元　　C. 46.8 万元　　D. 36 万元

14. 根据企业所得税法律制度的规定，下列关于不同方式下销售商品收入金额确定的表述中，正确的是（　　）。

A. 采用商业折扣方式销售商品的，按照商业折扣前的金额确定销售商品收入金额

B. 采用现金折扣方式销售商品的，按照现金折扣前的金额确定销售商品收入金额

C. 采用售后回购方式销售商品的，按照扣除回购商品公允价值后的余额确定销售商品收入金额

D. 采用以旧换新方式销售商品的，按照扣除回收商品公允价值后的余额确定销售商品收入金额

15. 根据企业所得税法律制度的规定，关于确认收入实现时间的下列表述中，正确的是（　　）。

A. 接受捐赠收入，按照合同约定的捐赠日期确认收入的实现

B. 利息收入，按照合同约定的债务人应付利息的日期确认收入的实现

C. 租金收入，按照出租人实际收到租金的日期确认收入的实现

D. 权益性投资收益，按照投资方实际收到利润的日期确认收入的实现

16. 根据企业所得税法律制度的规定，下列各项中，属于不征税收入的是（　　）。

A. 接受捐赠收入

B. 国债利息收入

C. 销售货物收入

D. 财政拨款

17. 根据企业所得税法律制度的规定，下列各项中，属于特许权使用费收入的是（　　）。

A. 提供生产设备使用权取得的收入

B. 提供运输工具使用权取得的收入

C. 提供房屋使用权取得的收入

D. 提供商标权的使用权取得的收入

18. 根据企业所得税法律制度的规定，下列各项中，属于免税收入的是（　　）。

A. 依法收取并纳入财政管理的政府性基金

B. 国债利息收入

C. 财产转让收入

D. 特许权使用费收入

19. 根据企业所得税法律制度的规定，下列各项中，属于免税收入的是（　　）。

A. 依法收取并纳入财政管理的政府性基金

B. 国债利息收入

C. 财产转让收入

D. 特许权使用费收入

20. 根据企业所得税法律制度的规定，下列各项中，属于免税收入的是（　　）。

A. 企业购买国债取得的利息收入

B. 纳入预算管理的事业单位取得的财政拨款

C. 事业单位从事营利性活动取得的收入

D. 企业转让股权取得的收入

21. 根据企业所得税法律制度的规定，下列各项中，属于免税收入的是（　　）。

A. 企业接受社会捐赠收入

B. 转让企业债券取得的收入

C. 已作坏账损失处理后又收回的应收账款

D. 国债利息收入

22. 根据企业所得税法律制度的规定，下列各项中，属于不征税收入的是（　　）。

A. 财政拨款　　B. 国债利息收入

C. 接受捐赠收入　　D. 转让股权收入

23. 根据企业所得税法律制度的规定，企业发生的下列税金中，在计算企业所得税应纳税所得额时不得扣除的是（　　）。

A. 印花税　　B. 车船税

C. 城镇土地使用税　　D. 允许抵扣的增值税

24. 根据企业所得税法律制度的规定，下列关于企业所得税税前扣除的表述中，不正确的是（　　）。

A. 企业发生的合理的工资薪金的支出，准予扣除

B. 企业发生的职工福利费支出超过工资薪金总额 14% 的部分，准予在以后纳税年度结转扣除

C. 企业发生的合理的劳动保护支出，准予扣除

D. 企业参加财产保险，按照规定缴纳的保险费，准予扣除

25. 2018 年 5 月非金融企业甲公司向非关联关系的非金融企业乙公司借款 100 万元，用于生产经营，期限为半年，双方约定年利率为 10%，已知金融企业同期同类贷款年利率为 7.8%，甲公司在计算当年企业所得税应纳税所得额时，准予扣除的利息费用为（　　）。

A. 7.8 万元　　B. 10 万元　　C. 3.9 万元　　D. 5 万元

26. 甲公司 2017 年实现会计利润总额 300 万元，预缴企业所得税税额 60 万元，在“营业外支出”账户中列支了通过公益性社会团体向灾区的捐款 38 万元。已知企业所得税税率为 25%，公益性捐赠支出不超过年度利润总额 12% 的部分，准予在计算企业所得税应纳税所得额时扣除。甲公司当年应补缴企业所得税税额的下列计算中，正确的是（　　）。

A. $(300+38)\times25\%-60=24.5$（万元）

B. $300\times25\%-60=15$（万元）

C. $(300+300\times12\%)\times25\%-60=24$（万元）

D. $[300+(38-300\times12\%)]\times25\%-60=15.5$（万元）

27. 甲公司 2018 年度实现利润总额 30 万元，直接向受灾地区群众捐款 6 万元，通过公益性社会团体向贫困地区捐款 4 万元。已知公益性捐赠支出不超过年度利润总额 12% 的部分，准予在计算应纳税所得额时扣除。甲公司在计算 2018 年度企业所得税应纳税所得额时，准予扣除的捐赠额为（　　）。

A. 10 万元　　B. 4 万元　　C. 6 万元　　D. 3.6 万元

28. 某企业2018年度利润总额80万元，通过公益性社会团体向某灾区捐赠2万元，直接向某学校捐款5万元。根据企业所得税法律制度的规定，该企业在计算企业所得税应纳税所得额时，可以扣除捐赠支出（　　）万元。

A. 2　　B. 5　　C. 7　　D. 9.6

29. 甲公司2018年度取得销售货物收入1 000万元，发生的与生产经营活动有关的业务招待费支出6万元，已知在计算企业所得税应纳税所得额时，业务招待费支出按照发生额的60%扣除，但最高不得超过当年销售（营业）收入的5‰。甲公司在计算2018年度企业所得税应纳税所得额时，准予扣除的业务招待费支出为（　　）。

A. 6万元　　B. 5万元　　C. 4.97万元　　D. 3.6万元

30. 2018年度，甲企业实现销售收入3 000万元，当年发生广告费400万元，上年度结转未扣除广告费60万元。已知广告费不超过当年销售收入15%的部分，准予扣除。甲企业在计算2018年度企业所得税纳税所得额时，准予扣除的广告费金额为（　　）万元。

A. 340　　B. 510　　C. 450　　D. 460

31. 根据企业所得税法律制度的规定，下列各项中，在计算企业所得税应纳税所得额时准予扣除的是（　　）。

A. 向投资者支付的股息　　B. 税收滞纳金

C. 违反合同的违约金　　D. 违法经营的行政罚款

三、多项选择题

1. 计算企业按月（或季）预缴所得税，分为（　　）。

A. 按实预缴

B. 按照上一纳税年度应纳税所得额的平均额预缴

C. 按上月（季）应纳税所得额预缴

D. 按照税务机关确定的其他方法预缴

2. 以下公式正确的是（　　）。

A. 季度预缴税额 = 季度应纳税所得额 × 所得税税率

B. 季度预缴税额 = 上年度应纳税所得额 ×1/12 × 所得税税率

C. 季度预缴税额 = 上年度应纳税所得额 ×1/4 × 所得税税率

D. 季度预缴税额 = 季度收入总额 × 税务机关核定的应税所得率 × 所得税税率

3. 计算企业所得税时可以列支的费用包括（　　）。

A. 赞助费　　B. 管理费用

C. 财务费用　　D. 销售费用

4. 根据企业所得税法律制度的规定，下列关于收入确认的表述中，正确的有（　　）。

A. 销售商品采用预收款方式的，在收到预收款时确认收入

B. 销售商品采用托收承付方式的，在办妥托收手续时确认收入

C. 销售商品采用支付手续费方式委托代销的，在收到代销清单时确认收入

D. 销售商品需要安装和检验的，在收到款项时确认收入

5. 根据企业所得税法律制度的规定，下列各项关于收入确认的表述中，正确的有（　　）。

A. 企业以非货币形式取得的收入，应当按照公允价值确定收入额

B. 以分期收款方式销售货物的，按照收到货款或索取货款凭证的日期确认收入的实现

C. 采取产品分成方式取得收入的，按照企业分得产品的日期确认收入的实现，其收入额按照产品的公允价值确定

D. 接受捐赠收入，按照实际收到捐赠资产的日期确定收入

6. 根据企业所得税法律制度的规定，下列各项中，应视同销售货物的有（　　）。

A. 将货物用于广告　　B. 将货物用于捐赠

C. 将货物用于偿债　　D. 将货物用于赞助

7. 下列各项中，在计算企业所得税应纳税所得额时，应计入收入总额的有（　　）。

A. 转让专利权收入　　B. 债务重组收入

C. 接受捐赠收入　　D. 确实无法偿付的应付款项

8. 根据企业所得税法律制度规定，以下属于转让财产收入的有（　　）。

A. 转让股权收入　　B. 转让固定资产收入

C. 转让土地使用权收入　　D. 转让债权收入

9. 根据企业所得税法律制度的规定，下列各项中，属于不征税收入的有（　　）。

A. 依法收取并纳入财政管理的行政事业性收费

B. 财政拨款

C. 国债利息收入

D. 接受捐赠收入

10. 根据企业所得税法律制度的规定，企业缴纳的下列税金中，准予在计算企业所得税应纳税所得额时扣除的有（　　）。

A. 印花税　　B. 消费税　　C. 土地增值税　　D. 资源税

11. 根据企业所得税法律制度的规定，企业缴纳的下列税金中，在计算企业所得税应纳税所得额时准予扣除的有（　　）。

A. 企业所得税　　B. 消费税　　C. 房产税　　D. 增值税

12. 根据企业所得税法律制度的规定，下列企业缴纳的保险费用中准予在税前扣除的有（　　）。

A. 企业财产保险费用

B. 为高空作业人员支付的人身安全商业保险费用

C. 为企业高管支付的人身安全商业保险费用

D. 为企业职工支付的基本养老保险费用

13. 下列费用准予在超过扣除标准后，在以后年度结转扣除的有（　　）。

A. 工会经费　　B. 职工教育经费

C. 广告费和业务宣传费　　D. 福利费

14. 根据企业所得税法律制度规定，在计算所得税时，准予扣除的有（　　）。

A. 向客户支付的合同违约金　　B. 向税务机关支付的税收滞纳金

C. 向银行支付的逾期利息　　D. 向公安部门缴纳的交通违章罚款

15. 根据《企业所得税法》的规定，下列支出项目中，在计算企业所得税应纳税所得额时，不得扣除的有（　　）。

A. 向投资者支付的股利　　B. 税收滞纳金

C. 非广告性赞助支出　　D. 与取得收入无关的费用支出

四、计算题（注：以下企业的所得税税率均为25%）

1. 某公司2018年的应税收入为600万元，成本费用350万元，且所有成本费用都在税法规定的扣除范围内，并且无须弥补亏损。

问：2018年度该企业应缴纳的企业所得税为多少？

2. 金龙股份有限公司企业所得税实行按上一年度应纳税所得额的平均额预缴，其上一纳税年度应纳税所得额46 010 200元。

问：金龙公司本年度1月份应预缴多少所得税？

3. 某餐馆能够正确核算收入而不能正确核算成本费用，本年度取得收入总额1 200万元，应税所得率为10%。

问：本年的应纳税所得额是多少？

4. 某企业2018年度实际发生的职工福利费支出956 000元，当年实际工薪支出总额6 000 000元。

问：计算企业所得税时，可以扣除的职工福利费支出为多少？

5. 某企业2018年度实际发生的职工工会经费支出115 000元，当年实际工薪支出总额5 600 000元。

问：计算企业所得税时，可以扣除的职工工会经费支出为多少？

6. 某企业2018年度实际发生的职工教育经费支出128 000元，当年实际工薪支出总额4 800 000元。

问：计算企业所得税时，可以扣除的职工教育经费支出为多少？

7. 某公司2018年全年的营业收入45 800 000元，实际发生业务招待费支出687 000元。

问：计算企业所得税时可以扣除的业务招待费是多少？

4.4 企业所得税的纳税期限

一、判断题

1. 企业所得税的纳税年度，自公历1月1日起，至12月31日止。 （ ）
2. 企业清算期间，可以视同一个纳税年度。 （ ）

3. 企业纳税申报期限内，如遇法定节假日，可以向后顺延法定放假天数。（　　）

4. 企业所得税实行按年计征，按月或按季预缴，年终汇算清缴，多退少补。（　　）

二、单项选择题

1. 企业所得税实行按年计征，按月或按（　　）预缴，年终汇算清缴，多退少补。

A. 1 年　　B. 半年　　C. 季度　　D. 6 个月

2. 企业应自月份或者季度终了之日起（　　）内，向税务机关报送预缴企业所得税纳税申报表，预缴税款。

A. 10 日　　B. 15 日　　C. 20 日　　D. 一个月

3. 企业应自年度终了之日起（　　）内，向税务机关报送年度企业所得税纳税申报表，并进行汇算清缴，结清应缴应退税款，多退少补。

A. 1 个月　　B. 2 个月　　C. 3 个月　　D. 5 个月

三、多项选择题

企业所得税的纳税期限包括（　　）。

A. 预缴期限　　B. 预算期限

C. 汇算清缴期限　　D. 清算期限

4.5 企业所得税的征收方式

一、判断题

1. 财务会计核算规范的企业，企业所得税适用查账征收。（　　）

2. 对能正确核算成本费用而不能正确核算收入的企业，应纳税所得 = 应税收入额 × 应税所得率。（　　）

二、单项选择题

1. 查账征收适用于（　　）的企业。

A. 会计核算不规范　　B. 会计核算规范

C. 设置账簿　　D. 账证表都有的

2. 查账征收的企业，应纳税所得额 = 应税收入 −（　　）− 弥补亏损。

A. 成本　　B. 费用

C. 税金　　D. 各项扣除金额

3. 如果企业当年发生经营性亏损，可以在以后（　　）个年度内进行亏损弥补。

A. 8　　B. 10　　C. 2　　D. 5

三、多项选择题

1. 企业所得税的征收方式包括（　　）。

A. 查账征收　　B. 查实征收

C. 定额征收　　D. 核定应税所得率征收

2. 核定应税所得率征收适用于（　　）的企业。

A. 会计核算规范

B. 能正确核算收入而不能正确核算成本费用

C. 能正确核算收入成本费用

D. 能正确核算成本费用而不能正确核算收入

3. 计算企业所得税的“各项扣除”是指：(　　)。

A. 成本　　B. 费用　　C. 税金　　D. 罚款

项目5　个人所得税

知识结构

一、纳税人

1. 居民个人
2. 非居民个人

二、应税所得项目

1. 工资、薪金所得
2. 劳务报酬所得
3. 稿酬所得
4. 特许权使用费所得
5. 经营所得
6. 利息、股息、红利所得
7. 财产租赁所得
8. 财产转让所得
9. 偶然所得

三、税率

（1）综合所得，适用3%～45%的超额累进税率。

（2）经营所得，适用5%～35%的超额累进税率。

（3）利息、股息、红利所得，财产租赁所得，财产转让所得和偶然所得，适用比例税率，税率为20%。

四、应纳税所得额的确定

（1）居民个人的综合所得，以每一纳税年度的收入额减除费用6万元以及专项扣除、专项附加扣除和依法确定的其他扣除后的余额，为应纳税所得额。

①专项扣除：基本养老保险、基本医疗保险、失业保险、住房公积金。

②专项附加扣除：子女教育、继续教育、大病医疗、住房贷款利息、住房租金、赡养老人。

③其他扣除：企业年金、职业年金、商业健康保险、税收递延型商业养老保险。

（2）非居民个人的工资、薪金所得，以每月收入额减除费用5 000元后的余额为应纳税所得额；劳务报酬所得、稿酬所得、特许权使用费所得，以每次收入额为应纳税所得额。

（3）经营所得，以每一纳税年度的收入总额减除成本、费用以及损失后的余额，为应纳税所得额。

（4）财产租赁所得，每次收入不超过4 000元的，减除费用800元；4 000元以上的，减除20%的费用，其余额为应纳税所得额。

（5）财产转让所得，以转让财产的收入额减除财产原值和合理费用后的余额，为应纳税所得额。

（6）利息、股息、红利所得和偶然所得，以每次收入额为应纳税所得额。

五、应纳税额的计算

1. 综合所得应纳税额的计算

应纳税额＝应纳税所得额×适用税率－速算扣除数
＝（每一纳税年度的收入额－费用6万元－专项扣除－专项附加扣除
－依法确定的其他扣除）×适用税率－速算扣除数

累计预扣法：扣缴义务人向居民个人支付工资、薪金所得时，应当按照累计预扣法计算预扣税款，并按月办理扣缴申报。

本期应预扣预缴税额＝（累计预扣预缴应纳税所得额×预扣率－速算扣除数）
－累计减免税额－累计已预扣预缴税额

累计预扣预缴应纳税所得额＝累计收入－累计免税收入－累计减除费用
－累计专项扣除－累计专项附加扣除
－累计依法确定的其他扣除

其中：累计减除费用＝5 000元/月×纳税人当年截至本月在本单位的任职受雇月

份数

2. 经营所得应纳税额的计算

应纳税额 = 应纳税所得额 × 适用税率 − 速算扣除数

3. 利息、股息、红利所得应纳税额的计算

应纳税额 = 应纳税所得额 × 适用税率 = 每次收入额 × 适用税率

4. 财产租赁所得应纳税额的计算

（1）每次（月）收入不足4 000元：

应纳税额 =［每次(月)收入额 − 财产租赁过程中缴纳的税费
− 由纳税人负担的租赁财产实际开支的修缮费用(800元为限)
− 800元］× 20%

（2）每次（月）收入在4 000元以上：

应纳税额 =［每次(月)收入额 − 财产租赁过程中缴纳的税费
− 由纳税人负担的租赁财产实际开支的修缮费用(800元为限)］
×(1 − 20%) × 20%

5. 财产转让所得应纳税额的计算

一般情况下：

应纳税额 = 应纳税所得额 × 适用税率
= (收入总额 − 财产原值 − 合理费用) × 20%

6. 偶然所得应纳税额的计算

应纳税额 = 应纳税所得额 × 适用税率 = 每次收入 × 20%

六、税收优惠

免税

七、征收管理

1. 纳税申报
2. 纳税期限

知识点及学习要求

知　识　点	学习要求			
	知识要求		操作要求	
	了解	掌握	会	熟练
项目5　个人所得税				
5.1　个人所得税纳税人	√		√	
5.2　个人所得税应税所得项目		√		√
5.3　个人所得税税率	√		√	
5.4　个人所得税应纳税所得额的确定和应纳税额的计算		√		√
5.5　个人所得税税收优惠	√		√	
5.6　个人所得税征收管理	√		√	

5.1　个人所得税纳税人

一、判断题

1. 在中国境内有住所的个人，属于个人所得税的居民个人。　（　　）

2. 在中国境内无住所而一个纳税年度内在境内居住累计满183天的个人，属于个人所得税的居民个人。　（　　）

3. 对个人独资企业投资者取得的生产经营所得应征收企业所得税，不征收个人所得税。　（　　）

4. 个人所得税的纳税年度，自公历1月1日起至12月31日止。　（　　）

5. 合伙企业的自然人合伙人，为企业所得税纳税人。　（　　）

6. 个人独资企业和合伙企业需要先缴纳企业所得税，再计算缴纳个人所得税。　（　　）

7. 在中国境内无住所而一个纳税年度内在中国境内居住累计不满183天的个人，为非居民个人。　（　　）

8. 非居民个人从中国境外取得的所得，依照规定缴纳个人所得税。　（　　）

9. 外籍人员约翰2018年11月24日受邀来中国工作，2019年5月1日结束在中国的工作，约翰属于个人所得税的居民个人。　（　　）

二、单项选择题

1. 根据个人所得税法律制度的规定，下列各项中，不属于个人所得税纳税人的是（　　）。

A. 个体工商户　　B. 一人有限责任公司

C. 合伙企业中的自然人合伙人　　D. 个人独资企业的投资者个人

2. 下列各项中，属于个人所得税中非居民个人的是（　　）。

A. 在中国境内有住所

B. 在中国境内无住所，但居住时间满 5 年

C. 在中国境内无住所，但居住时间满 1 个纳税年度

D. 在中国境内无住所且不居住，但有来源于中国境内所得

3. 个人所得税法规定，对于无住所而一个纳税年度内在中国境内居住累计满（　　）天的个人，为居民个人。

A. 90　　B. 183　　C. 270　　D. 365

4. 下列在境内无住所的外籍个人中，不属于个人所得税的居民个人的是（　　）。

A. 怀特 2019 年 1 月 1 日入境，12 月 31 日离境

B. 汤姆 2019 年 2 月 1 日入境，5 月 1 日离境

C. 杰克 2019 年 3 月 1 日入境，12 月 1 日离境

D. 麦克 2019 年 2 月 15 日入境，11 月 30 日离境

三、多项选择题

1. 下列各项中，属于个人所得税纳税义务人的有（　　）。

A. 国有独资公司　　B. 合伙企业

C. 个人独资企业　　D. 个体工商户

2. 根据个人所得税的有关规定，区分为居民个人和非居民个人的标准有（　　）。

A. 所得来源地　　B. 境内有无住所

C. 在境内的居住天数　　D. 支付所得的支付企业所在地

3. 下列各项中，属于个人所得税居民个人的有（　　）。

A. 在中国境内有住所

B. 在中国境内无住所又不居住

C. 在中国境内无住所而一个纳税年度内在中国境内居住累计满 183 天的个人

D. 在中国境内无住所而一个纳税年度内在中国境内居住累计不满 183 天的个人

5.2 个人所得税应税所得项目

一、判断题

1. 居民个人取得的综合所得，按纳税年度合并计算个人所得税。（　　）

2. 居民个人取得的利息、股息、红利所得，属于综合所得，按纳税年度合并计算个人所得税。（　　）

3. 居民个人中奖所得，属于综合所得，按纳税年度合并计算个人所得税。（　　）

4. 个人出版画作取得的所得，应按“劳务报酬所得”项目计缴个人所得税。（　　）

5. 房屋租赁取得的收入，按“财产转让所得”缴纳个人所得税。（　　）

二、单项选择题

1. 下列各项中，不属于居民个人取得的综合所得，应分别计算个人所得税的是（　　）。

A. 工资、薪金所得　　B. 劳务报酬所得

C. 稿酬所得　　D. 偶然所得

2. 根据个人所得税法律制度的规定，居民个人取得的下列所得中，属于“工资、薪金所得”税目计缴个人所得税的是（　　）。

A. 国债利息所得

B. 出租闲置住房取得的所得

C. 参加商场有奖销售活动中奖取得的所得

D. 单位全勤奖

3. 中国公民叶某任职国内甲企业，2019 年为乙公司设计营销方案，取得一次性设计费 10 000 元，该收入适用的个人所得税税目为（　　）。

A. 偶然所得　　B. 工资、薪金所得

C. 劳务报酬所得　　D. 特许权使用费所得

4. 根据个人所得税法律制度的有关规定，下列各项中，按照“稿酬所得”征收个人所得税的是（　　）。

A. 作品出版或者发表收入　　B. 审稿收入

C. 设计收入　　D. 讲课收入

5. 根据个人所得税法律制度的规定，下列从事非雇佣劳动取得的收入中，应按“稿酬所得”税目缴纳个人所得税的是（　　）。

A. 审稿收入　　B. 翻译收入

C. 题字收入　　D. 出版作品收入

6. 下列属于特许权使用费的是（　　）。

A. 房屋使用权　　B. 运输工具使用权

C. 生产设备使用权　　D. 商标权使用费

7. 根据个人所得税法律制度的规定，下列各项中，不属于特许权使用费所得的是（　　）。

A. 提供著作权的使用权取得的所得　　B. 提供专利权的使用权取得的所得

C. 提供房屋使用权取得的所得　　D. 提供商标权的使用权取得的所得

8. 根据个人所得税法律制度的规定，个人转让房屋所得应适用的税目是（　　）。

A. 财产转让所得　　B. 特许权使用费所得

C. 偶然所得　　D. 劳务报酬所得

9. 个人转让有价证券取得的收入，属于（　　）。

A. 财产转让所得　　B. 股息红利所得

C. 特许权使用费所得　　D. 偶然所得

三、多项选择题

1. 下列各项中，属于居民个人取得的综合所得，按纳税年度合并计算个人所得税的有（　　）。

A. 稿酬所得　　B. 劳务报酬所得

C. 工资、薪金所得　　D. 特许权使用费所得

2. 下列各项中，属于居民个人取得的综合所得，按纳税年度合并计算个人所得税的有（　　）。

A. 稿酬所得　　B. 财产租赁所得

C. 工资、薪金所得　　D. 财产转让所得

3. 根据个人所得税法律制度的规定，下列个人所得中，应按“劳务报酬所得”项目征收个人所得税的有（　　）。

A. 某大学教授从甲企业取得咨询费

B. 某公司高管从乙大学取得的讲课费

C. 某设计院设计师从丙家装公司取得的设计费

D. 某编剧从丁电视剧制作单位取得的剧本使用费

4. 根据个人所得税法律制度的规定，个人取得的下列收入中，应按照“劳务报酬所得”税目计缴个人所得税的有（　　）。

A. 某经济学家从非雇佣企业取得的讲学收入

B. 某职员取得的本单位优秀员工奖金

C. 某工程师从非雇佣企业取得的咨询收入

D. 某高校教师从任职学校领取的工资

5. 下列各项中，应按“财产转让所得”税目计征个人所得税的有（　　）。

A. 转让机器设备所得　　B. 提供商标权的使用权所得

C. 转让不动产所得　　D. 提供专利技术使用权所得

5.3　个人所得税税率

一、判断题

1. 居民个人取得的综合所得，适用超额累进税率计征个人所得税。　　（　　）

2. 居民个人取得的财产租赁所得，适用超额累进税率计征个人所得税。　　（　　）

3. 个人所得税实行超额累进税率与比例税率相结合的税率体系。（　　）
4. 居民个人取得的中彩所得，适用比例税率计征个人所得税，税率为30%。（　　）

二、单项选择题

1. 根据个人所得税法的规定，居民个人综合所得采用的税率形式是（　　）。
A. 超额累进税率　　B. 全额累进税率
C. 超率累进税率　　D. 比例税率
2. 根据个人所得税法的规定，经营所得采用的税率形式是（　　）。
A. 超额累进税率　　B. 全额累进税率
C. 超率累进税率　　D. 比例税率
3. 根据个人所得税法的规定，利息、股息、红利所得采用的税率形式是（　　）。
A. 超额累进税率　　B. 全额累进税率
C. 超率累进税率　　D. 比例税率
4. 根据个人所得税法的规定，财产租赁所得采用的税率形式是（　　）。
A. 超额累进税率　　B. 全额累进税率
C. 超率累进税率　　D. 比例税率

三、多项选择题

1. 下列所得中，适用20%的个人所得税税率的有（　　）。
A. 工资、薪金所得　　B. 特许权使用费所得
C. 股息、红利所得　　D. 财产租赁所得
2. 下列所得中，适用20%的个人所得税税率的有（　　）。
A. 利息、股息、红利所得　　B. 财产转让所得
C. 稿酬所得　　D. 偶然所得
3. 下列各项中，属于个人所得税的税率形式有（　　）。
A. 比例税率　　B. 定额税率
C. 超额累进税率　　D. 超率累进税率
4. 下列各项中，适用超额累进税率计征个人所得税的有（　　）。
A. 个体工商户的生产经营所得　　B. 个人独资企业的生产经营所得
C. 居民个人的综合所得　　D. 合伙企业的生产经营所得

5.4　个人所得税应纳税所得额的确定和应纳税额的计算

一、判断题

1. 偶然所得按次计征个人所得税。（　　）

2. 经营所得，以每一纳税年度的收入总额减除成本、费用以及损失后的余额，为应纳税所得额。 (　　)

3. 居民个人的综合所得，以每一纳税年度的收入额减除费用 5 万元以及专项扣除、专项附加扣除和依法确定的其他扣除后的余额，为应纳税所得额。 (　　)

4. 财产转让所得，以转让财产的收入额减除财产原值和合理费用后的余额，为应纳税所得额。 (　　)

5. 个人将其所得对教育、扶贫、济困等公益慈善事业进行捐赠，捐赠额可以从其个人所得税应纳税所得额中全额扣除。 (　　)

6. 专项扣除、专项附加扣除和依法确定的其他扣除，以居民个人一个纳税年度的应纳税所得额为限额，一个纳税年度扣除不完的，结转以后年度扣除。 (　　)

7. 财产租赁所得，以一个月内取得的收入为一次。 (　　)

二、单项选择题

1. 根据个人所得税法律制度的规定，下列各项中，以每次收入全额为应纳税所得额计算个人所得税的是（　　）。

A. 财产租赁所得　　B. 劳务报酬所得

C. 稿酬所得　　D. 偶然所得

2. 居民个人的综合所得，以每一纳税年度的收入额减除费用（　　）以及专项扣除、专项附加扣除和依法确定的其他扣除后的余额，为个人所得税应纳税所得额。

A. 5 万元　　B. 6 万元　　C. 8 万元　　D. 10 万元

3. 钱某在一次演出中取得收入总额 10 000 元。已知劳务报酬所得以收入减除 20% 的费用后的余额为收入额，钱某当年应缴纳个人所得税的劳务报酬收入额为（　　）元。

A. 10 000　　B. 8 000　　C. 2 000　　D. 12 500

4. 2019 年 3 月，张某在杂志上发表一篇文章，取得稿酬 5 000 元。已知稿酬所得以收入减除 20% 的费用后的余额为收入额，稿酬所得的收入额减按 70% 计算，张某当年应缴纳个人所得税的稿酬收入额为（　　）元。

A. 5 000　　B. 4 000　　C. 2 800　　D. 3 500

5. 某单位高级工程师刘先生于 2019 年取得特许权使用费收入 7 000 元，已知特许权使用费所得以收入减除 20% 的费用后的余额为收入额，刘先生当年应缴纳个人所得税的特许权使用费收入额为（　　）元。

A. 7 000　　B. 5 600　　C. 1 400　　D. 8 750

6. 赵某购买福利彩票支出 500 元，取得中奖收入 15 000 元，赵某中奖所得应缴纳个人所得税税额的下列计算中，正确的是（　　）。

A. $(15\ 000-500)\times 20\% = 2\ 900$（元）

B. $15\ 000\times(1-20\%)\times 20\% = 2\ 400$（元）

C. $15\ 000\times 20\% = 3\ 000$（元）

D. 0

7. 财产租赁所得，每次收入4 000元以上的，减除（　　）的费用，其余额为应纳税所得额。

A. 10%　　B. 20%

C. 800元　　D. 5 000元

三、多项选择题

1. 根据个人所得税法律制度的规定，居民个人的下列各项所得中，按次计征个人所得税的有（　　）。

A. 特许权使用费所得　　B. 财产租赁所得

C. 偶然所得　　D. 劳务报酬所得

2. 下列各项中，以取得的收入为应纳税所得额直接计征个人所得税的有（　　）。

A. 稿酬所得　　B. 偶然所得

C. 股息所得　　D. 特许权使用费所得

3. 居民个人的综合所得，确定个人所得税应纳税所得额时准予扣除的有（　　）。

A. 基本医疗保险费　　B. 基本养老保险费

C. 失业保险费　　D. 住房公积金

4. 居民个人的综合所得，以每一纳税年度的收入额减除（　　）后的余额，为应纳税所得额。

A. 费用6万元　　B. 专项扣除

C. 专项附加扣除　　D. 其他扣除

5. 根据个人所得税法律制度的规定，专项附加扣除包括（　　）。

A. 子女教育支出　　B. 继续教育支出

C. 住房贷款利息支出　　D. 赡养老人支出

四、计算题

1. 2019年高校教师张某应邀为甲公司员工进行培训，取得收入30 000元；出版著作一部取得稿酬20 000元；已知劳务报酬所得、稿酬所得以收入减除20%的费用后的余额为收入额，稿酬所得的收入额减按70%计算。计算张某2019年应计入综合所得缴纳个人所得税的收入额。

2. 2019 年张某年综合所得收入额为 20 万元，专项扣除、附加扣除为 5 万元，已知综合所得减除费用标准为每年 6 万元；全年应纳税所得额不超过 3.6 万元的，适用税率为 3%；全年应纳税所得额超过 3.6 万元至 14.4 万元的部分，适用税率为 10%，速算扣除数 0.252 万元。计算张某应缴纳的个人所得税税额。

3. 居民个人王某将某项财产转让，取得收入 50 万元，该财产的原值为 30 万元，转让过程中发生的合理费用为 1 万元。已知财产转让所得税率为 20%，计算王某应缴纳的个人所得税税额。

4. 2019 年 2 月王某花费 600 元购买体育彩票，一次中奖 30 000 元，将其中 10 000 元通过民政局捐赠给某农村小学，已知偶然所得个人所得税税率为 20%，计算王某彩票中奖收入应缴纳的个人所得税税额。

5.5　个人所得税税收优惠

一、判断题

1. 个人达到国家规定的退休年龄之后按月领取的基本养老金，按照“综合所得”项目适用的税率，计征个人所得税。（　　）

2. 省级人民政府颁发的科学、教育、技术、文化、卫生、体育、环境保护等方面的奖金免征个人所得税。（　　）

3. 保险赔款免征个人所得税。（　　）

二、单项选择题

1. 2019 年 9 月，退休职工刘某取得的下列收入中，免予缴纳个人所得税的是（　　）。

A. 退休工资5 000元
B. 商场有奖销售中奖2 000元
C. 其原任职单位重阳节发放补贴800元
D. 报刊上发表文章取得报酬3 000元

2. 根据个人所得税法律制度的规定，下列各项中，免征个人所得税的是（　　）。
A. 李某取得的保险赔款
B. 张某取得的加班补贴
C. 陈某转让财产的经济收入
D. 王某获得的县级人民政府颁发的教育方面的奖金

3. 下列各项个人所得，不属于免征个人所得税的是（　　）。
A. 抚恤金　　B. 军人的转业费
C. 保险赔款　　D. 年终加薪

4. 下列各项个人所得，不属于免征个人所得税的是（　　）。
A. 财产租赁所得　　B. 退休工资
C. 保险赔款　　D. 国债利息

三、多项选择题

1. 根据个人所得税法律制度的规定，下列各项中，免征个人所得税的有（　　）。
A. 保险赔款　　B. 国家发行的金融债券利息
C. 军人转业费　　D. 劳动分红

2. 根据个人所得税法律制度规定，下列属于免税项目的有（　　）。
A. 军人转业费　　B. 国债利息收入
C. 退休人员的基本养老金　　D. 保险赔款

3. 根据个人所得税法律制度的规定，下列各项中，免予缴纳个人所得税的有（　　）。
A. 编剧的剧本使用费　　B. 职工的保险赔款
C. 模特的时装表演费　　D. 军人的转业费

5.6 个人所得税征收管理

一、判断题

1. 个人所得税扣缴义务人应当按照国家规定办理全员全额扣缴申报，并向纳税人提供其个人所得和已扣缴税款等信息。（　　）

2. 居民个人取得综合所得，按年计算个人所得税；有扣缴义务人的，由扣缴义务人按月或者按次预扣预缴税款。（　　）

3. 个人所得税扣缴义务人，是指向个人支付所得的单位或者个人。（　　）

二、单项选择题

纳税人取得经营所得，按年计算个人所得税，由纳税人在月度或者季度终了后（　　）向税务机关报送纳税申报表，并预缴税款。

A. 7 日内　　B. 15 日内　　C. 20 日内　　D. 30 日内

三、多项选择题

1. 根据个人所得税法律制度的规定，下列各项情形中，依法办理纳税申报的有（　　）。

A. 取得综合所得需要办理汇算清缴

B. 取得应税所得没有扣缴义务人的

C. 取得境外所得的

D. 非居民个人在中国境内从两处以上取得工资、薪金所得的

2. 根据个人所得税法律制度的规定，取得综合所得应当依法办理汇算清缴的有（　　）。

A. 从两处以上取得综合所得，且综合所得年收入额减除专项扣除后的余额超过 6 万元

B. 纳税人申请退税

C. 纳税年度内预缴税额低于应纳税额

D. 取得劳务报酬所得、稿酬所得、特许权使用费所得中一项或者多项所得，且综合所得年收入额减除专项扣除的余额超过 6 万元

项目测试

一、单项选择题

1. 根据个人所得税法律制度的规定，下列各项中，不属于个人所得税纳税人的是（　　）。

A. 合伙企业中的自然人合伙人　　B. 有限责任公司

C. 个体工商户　　D. 个人独资企业的投资者个人

2. 根据个人所得税法律制度的规定，下列各项中，不属于居民个人综合所得的是（　　）。

A. 经营所得　　B. 工资、薪金所得

C. 劳务报酬所得　　D. 特许权使用费所得

3. 根据个人所得税法律制度的规定，财产租赁所得，每次收入不超过 4 000 元的，减除费用（　　），其余额为应纳税所得额。

A. 10%　　B. 20%　　C. 800 元　　D. 1 000 元

4. 根据个人所得税法律制度的规定，居民个人综合所得的税率是（　　）。

A. 比例税率　　B. 定额税率

C. 超额累进税率　　D. 超率累进税率

5. 根据个人所得税法律制度的规定，财产租赁所得的税率是（　　）。

A. 比例税率　　B. 定额税率

C. 超额累进税率　　D. 超率累进税率

6. 根据个人所得税法律制度的规定，下列各项中，不属于免征个人所得税的是（　　）。

A. 基本养老金　　B. 保险赔款

C. 福利费、抚恤金、救济金　　D. 县级人民政府颁发的奖金

7. 根据个人所得税法律制度的规定，下列各项中，以每次收入额为应纳税所得额的是（　　）。

A. 经营所得　　B. 财产租赁所得

C. 财产转让所得　　D. 利息、股息、红利所得

8. 根据个人所得税法律制度的规定，个人将其所得对教育、扶贫、济困等公益慈善事业进行捐赠，捐赠额未超过纳税人申报的应纳税所得额（　　）的部分，可以从其应纳税所得额中扣除。

A. 20%　　B. 30%　　C. 50%　　D. 60%

9. 根据个人所得税法律制度的规定，居民个人取得综合所得，按（　　）计算个人所得税。

A. 月　　B. 季度　　C. 半年　　D. 年

10. 根据个人所得税法律制度的规定，居民个人取得综合所得，需要办理汇算清缴的，应当在取得所得的（　　）内办理汇算清缴。

A. 次年3月1日至6月30日　　B. 次年6月1日至9月30日

C. 次年9月1日至12月30日　　D. 次年1月1日至3月30日

11. 根据个人所得税法律制度的规定，纳税人取得经营所得，由纳税人在月度或者季度终了后（　　）内向税务机关报送纳税申报表，并预缴税款。

A. 3日　　B. 10日　　C. 15日　　D. 30日

12. 根据个人所得税法律制度的规定，扣缴义务人向居民个人支付工资、薪金所得时，累计减除费用，按照每月（　　）乘以纳税人当年截至本月在本单位的任职受雇月份数计算。

A. 3 500元　　B. 5 000元　　C. 6 000元　　D. 60 000元

13. 根据个人所得税法律制度的规定，个人因任职或者受雇取得的年终加薪所得属于（　　）。

A. 工资、薪金所得　　B. 劳务报酬所得

C. 经营所得　　D. 特许权使用费所得

14. 根据个人所得税法律制度的规定，不属于特许权使用费所得的有（　　）。

A. 稿酬所得　　B. 提供专利权所得

C. 提供商标权所得　　D. 提供著作权所得

15. 根据个人所得税法律制度的规定，财产租赁所得，以（　　）内取得的收入为一次。

A. 一个月　　B. 一个季度　　C. 半年　　D. 一年

二、多项选择题

1. 根据个人所得税法律制度的规定，下列个人所得中，免征个人所得税的有（　　）。

A. 军人领取的转业费　　B. 教师工资所得

C. 作家拍卖手稿所得　　D. 工人取得的保险赔款

2. 个人取得的下列收入中，应按照“劳务报酬所得”计缴个人所得税的有（　　）。

A. 某职员取得的本单位优秀员工奖金

B. 某高校教师从任职学校领取的工资

C. 某工程师从非雇佣企业取得的咨询收入

D. 某经济学家从非雇佣企业取得的讲学收入

3. 根据个人所得税法律制度的规定，下列各项情形中，依法办理纳税申报的有（　　）。

A. 取得综合所得需要办理汇算清缴

B. 取得应税所得没有扣缴义务人

C. 取得境外所得

D. 非居民个人在中国境内从两处以上取得工资、薪金所得

4. 根据个人所得税法律制度的规定，居民个人的下列各项所得中，不属于综合所得的有（　　）。

A. 特许权使用费所得　　B. 财产租赁所得

C. 偶然所得　　D. 劳务报酬所得

5. 根据个人所得税法律制度的规定，下列各项中，属于居民个人的是（　　）。

A. 在中国境内有住所

B. 在中国境内无住所又不居住

C. 在中国境内无住所而一个纳税年度内在中国境内居住累计不满 183 天的个人

D. 在中国境内无住所而一个纳税年度内在中国境内居住累计满 183 天的个人

6. 根据个人所得税法律制度的规定，居民个人的综合所得，以每一纳税年度的收入额减除（　　）后的余额，为应纳税所得额。

A. 费用 6 万元　　B. 专项扣除

C. 专项附加扣除　　D. 依法确定的其他扣除

7. 根据个人所得税法律制度的规定，以每次收入额为应纳税所得额的有（　　）。

A. 利息所得　　B. 股息所得

C. 红利所得　　D. 偶然所得

8. 根据个人所得税法律制度的规定，属于专项附加扣除的有（　　）。

A. 赡养老人　　B. 子女教育

C. 基本养老保险　　D. 住房贷款利息

9. 根据个人所得税法律制度的规定，居民个人取得综合所得，有扣缴义务人的，由扣缴义务人（　　）预扣预缴税款。

A. 按月　　B. 按次　　C. 按季度　　D. 按年

10. 根据个人所得税法律制度的规定，按照经营所得缴纳个人所得税的有（　　）。

A. 个体工商户从事生产、经营活动取得的所得

B. 个人独资企业投资人来源于境内注册的个人独资企业生产、经营的所得

C. 合伙企业的个人合伙人来源于境内注册的合伙企业生产、经营的所得

D. 个人对企业、事业单位承包经营、承租经营以及转包、转租取得的所得

三、判断题

1. 个人出版画作取得的所得，应按“劳务报酬所得”计缴个人所得税。（　　）

2. 在中国境内有住所，或者无住所而一个纳税年度内在境内居住累计满 183 天的个人，属于我国个人所得税的居民纳税人。（　　）

3. 居民个人从中国境外取得的所得，依照规定不需缴纳个人所得税。（　　）

4. 在中国境内无住所又不居住，为个人所得税的非居民个人。（　　）

5. 居民个人取得综合所得，按纳税年度合并计算个人所得税。（　　）

6. 经营所得，以每一纳税年度的收入总额为应纳税所得额。（　　）

7. 财产租赁所得，每次收入 4 000 元以上的，减除费用 800 元，其余额为应纳税所得额。（　　）

8. 偶然所得，以每次收入额减除 20% 的费用后的余额为应纳税所得额。（　　）

9. 个人将其所得对教育、扶贫、济困等公益慈善事业进行捐赠，捐赠额未超过纳税人申报的应纳税所得额 20% 的部分，可以从其应纳税所得额中扣除。（　　）

10. 居民个人按照规定缴纳的社会保险费和住房公积金在计算个人所得税时准予扣除。（　　）

11. 个人所得税以所得人为纳税人，以支付所得的单位或者个人为扣缴义务人。（　　）

12. 纳税人有中国公民身份号码的，以中国公民身份号码为个人所得税纳税人识别号。（　　）

13. 个人所得税纳税人取得经营所得，在月度或者季度终了后预缴税款，次年 6 月 31 日前办理汇算清缴。（　　）

14. 个人所得税扣缴义务人，是指向个人支付所得的单位或者个人，扣缴义务人应当依法办理全员全额扣缴申报。（　　）

15. 扣缴义务人向居民个人支付工资、薪金所得时，应当按照累计预扣法计算预扣税款，并按月办理扣缴申报。（　　）

四、计算题

1. 居民个人李某将某项财产转让，取得收入70万元，该财产的原值为40万元，转让过程中发生的合理费用为0.9万元。已知财产转让所得税率为20%，计算王某应缴纳的个人所得税税额。

2. 2019年2月李某花费500元购买体育彩票，一次中奖20 000元，将其中1 000元通过民政局捐赠给某农村小学，已知偶然所得个人所得税税率为20%，计算王某彩票中奖收入应缴纳个人所得税税额。

项目6 印花税

知识结构

一、印花税纳税人

印花税纳税人指订立、领受在中华人民共和国境内具有法律效力的应税凭证，或在境内进行证券交易的单位和个人。

二、印花税的征税范围

1. 合同类
2. 产权转移书据类
3. 权利、许可证照类
4. 营业账簿类
5. 证券交易

三、印花税税率

1. 比例税率
2. 定额税率

四、印花税的计算

1. 应税合同：应纳税额 = 价款或报酬 × 适用税率
2. 应税产权转移书据：应纳税额 = 价款 × 适用税率
3. 营业账簿：应纳税额 = 实收资本（股本）、资本公积合计金额 × 适用税率
4. 证券交易：应纳税额 = 成交金额或依法确定的计税依据 × 适用税率
5. 应税权利许可证照：应纳税额 = 应税凭证件数 × 定额税率

五、印花税税收优惠

六、印花税的征收管理

知识点及学习要求

知 识 点	学习要求			
	知识要求		操作要求	
	了解	掌握	会	熟练
项目6　印花税				
6.1　印花税的纳税人	√		√	
6.2　印花税的征税范围		√		√
6.3　印花税的税目、税率	√		√	
6.4　印花税应纳税额的计算		√		√
6.5　印花税的申报缴纳方式	√		√	
6.6　印花税的纳税期限和纳税地点	√		√	
6.7　印花税的征收管理	√		√	

6.1　印花税的纳税人

一、判断题

1. 房地产管理部门与个人签订的房租合同，凡用于生活居住的，可免贴花。（　　）

2. 所谓当事人，是指对凭证负有直接或间接权利义务关系的单位和个人，不包括保人、证人、鉴定人、代理人等。（　　）

3. 书立各类经济合同时，以合同的当事人为纳税人。（　　）

4. 现行印花税纳税人包括外商投资企业和外国企业。（　　）

5. 建立营业账簿的，以立账簿人为纳税人。（　　）

二、单项选择题

1. 甲、乙签订一份商品购销合同，甲要求乙提供商品的鉴定，丙愿意为该种商品提供鉴定，丁为甲的业务代理人，并代表甲与乙签订了经济合同，这一事项中，属于印花税纳税人的是（　　）。

A. 甲、乙　　　　B. 甲、乙、丁

C. 乙、丁　　　　D. 甲、乙、丙、丁

2. 对合同、书据等凡是两方以上当事人共同书立的凭证，并各执一份的，（　　）为印花税的纳税人。

A. 其当事人各方商议确定的一方　　　　B. 其当事人各方

C. 税务机关确定的一方　　　　D. 其当事人各方均不

3. 下列属于印花税纳税人的有（　　）。

A. 合同立据人

B. 发放商标注册证的国家商标局

C. 在国外书立，在国内使用技术合同的单位

D. 签订加工承揽合同的两家中外合资企业

三、多项选择题

1. 下列单位或个人属于印花税纳税义务人的有（　　）。

A. 贷款合同的担保人

B. 借款合同的贷款人

C. 与个人签订的用于生活居住的房产租赁合同的房地产管理部门

D. 运输合同的托运方

2. 下列属于印花税纳税人的有（　　）。

A. 产权转移书据的立据人　　　　B. 合同担保人

C. 颁发商标注册证的商标局　　　　D. 签订买卖合同的中外合资企业

3. 以下属于印花税纳税人的有（　　）。

A. 领受政府部门发给的权利、许可证照的一切单位和个人

B. 未贴或少贴印花税票的书据持有人的代理人

C. 领受政府部门发给的税法列举的权利、许可证照的一切单位和个人

D. 在中国境内书立、领受《印花税条例》所列举凭证的外国企业

6.2 印花税的征税范围

一、判断题

1. 作为正本使用的合同副本，交印花税。（　　）

2. 税务登记证不属于印花税应税凭证。（　　）

3. 财产所有人将财产捐给某大学所书立的书据，可免纳印花税。（　　）

二、单项选择题

1. 下列各项中，属于印花税应税凭证的是（　　）。

A. 审计咨询合同

B. 南方电网系统内部各级电网互供电合同

C. 银行为管理而使用的现金收付登记簿

D. 家庭财产保险合同

2. 下列凭证不能免纳印花税的有（　　）。

A. 已缴纳印花税凭证的副本或者抄本　　B. 专利证书副本

C. 人寿保险合同　　D. 农副产品收购合同

三、多项选择题

1. 按《印花税暂行条例》规定，下列凭证中不缴纳印花税的有（　　）。

A. 购销合同副本　　B. 以货易货合同

C. 房屋产权证　　D. 农牧业保险合同

2. 下列合同中，应作为印花税征税对象的包括（　　）。

A. 仓储、保管合同或作为合同使用的入库单

B. 银行同业拆借所签订的借款合同

C. 企业和个人出租门店柜台所签订的租赁合同

D. 会计师事务所签订的会计咨询合同

3. 下列关于印花税征税范围中营业账簿的论述中正确的是（　　）。

A. 纳入征税范围的营业账簿，是按立账簿人的经济属性划分征免范围的

B. 对采用一级核算形式的单位，只就财会部门设置的营业账簿贴花

C. 仓库设置的属于会计核算范围，但不记载金额的相关账簿，可不贴印花

D. 对会计核算采用单页表式记载资金活动情况，以表代账的，在未形成账册前，可不贴花

4. 某单位有以下权利许可证照，应贴印花税票的有（　　）。

A. 房屋产权证　　B. 工商营业执照

C. 商标注册证　　D. 税务登记证

6.3　印花税的税目、税率

一、判断题

1. 企业订立借款合同的税率为0.5‰。　　（　　）

2. 房屋开发部门销售商品房书立的合同应按“购销合同”贴花；工业企业销售不动产按“产权转移书据”贴花。　　（　　）

3. 财产租赁合同按租赁财产价值的1‰贴花。（　　）

4. 对在签订时无法确定计税金额的合同，应采取两次计税的办法，即在签订时，先按每份合同定额贴花 5 元结算时，再按实际金额和适用税率计税，补贴印花。（　　）

二、单项选择题

1. 在确定合同计税依据时应当注意，有时合同在签订时无法确定计税金额，对于此类合同，一般按（　　）贴花，以后结算时，再予以补贴印花。

A. 定额 10 元　　B. 预期金额 5 元

C. 定额 15 元　　D. 定额 5 元

2. 下列项目中，属于缴纳印花税凭证的有（　　）。

A. 家庭财产两全保险合同　　B. 专利证书副本

C. 劳务输出合同　　D. 向学校捐赠财产所立书据

3. 下列项目中，按每件 5 元定额贴花的是（　　）。

A. 营业账簿　　B. 权利许可证照

C. 购销合同　　D. 应税凭证副本

三、多项选择题

1. 依据印花税的有关规定，技术转让合同包括（　　）。

A. 专利申请转让合同　　B. 专利权转让合同

C. 专利实施许可合同　　D. 非专利技术转让合同

2. 印花税税率形式有（　　）。

A. 定额税率　　B. 超额累进税率

C. 比例税率　　D. 全额累进税率

6.4　印花税应纳税额的计算

一、判断题

1. 某企业 2018 年 2 月开业，领受房产证、工商营业执照、土地使用证各一件，印花税为 15 元。（　　）

2. 在计算印花税时，应纳税额不足 1 角的，免纳印花税 1 角以上的，其税额尾数不满 5 分的不计，满 5 分的按 1 角计算。（　　）

二、单项选择题

1. 某企业 2018 年实收资本为 2 000 万元，资本公积为 7 000 万元。该企业 2018 年资金账簿上已按规定贴印花 10 000 元。该企业 2018 年应纳印花税为（　　）。

A. 5 000 元　　B. 7 500 元　　C. 16 500 元　　D. 35 000 元

2. 甲公司与乙公司分别签订了两份合同：一是易货合同，甲公司的货物价值 200 万元，乙公司的货物价值 220 万元；二是技术开发合同，合同记载金额 100 万元，其中研发经费 30 万元。甲公司应缴纳印花税（　　）。

A. 1 500 元　　B. 600 元　　C. 1 450 元　　D. 1 470 元

三、多项选择题

甲公司于 2018 年 8 月与乙公司签订以货易货合同，以 70 万元的钢材换取乙公司 75 万元的水泥，甲公司支付差价 5 万元。下列表述符合印花税有关规定的有（　　）。

A. 甲乙公司均属于印花税纳税人

B. 甲乙公司印花税的计税依据分别是换出货物的价款

C. 甲公司应缴纳印花税 435 元

D. 乙公司应缴纳印花税 450 元

四、计算题

1. 某汽车修配厂因购买设备向工商银行签订 2 000 万元的借款合同。后因故购销合同作废，改签融资租赁合同，租赁费 2 200 万元。根据上述情况，该厂共应缴纳印花税多少？

2. 某企业 2018 年与银行签订一年期借款合同，借款金额 200 万元，年利率 6.5%；与甲公司签订技术开发合同，合同总金额为 200 万元，其中研究开发费 80 万元。计算企业 2018 年应缴纳的印花税。

3. 某企业与其他企业订立转移专有技术使用权书据，所载金额 80 万元；订立产品购销合同，所载金额 150 万元；企业设立营业账簿 20 本，“实收资本”账户载有资金 600 万元；2018 年 12 月该企业“实收资本”账户所载资金增加为 800 万元；计算该企业应缴纳印花税。

6.5 印花税的申报缴纳方式

一、判断题

对技术开发合同，以合同所载的报酬金额和研究开发经费作为计税依据。 （ ）

二、单项选择题

税法出于简化纳税手续的考虑，规定了印花税可采取的一些特殊的纳税方法，下列项目中，错误的是（ ）。

A. 按期汇总缴纳　　B. 自行贴花

C. 以缴款书代替贴花　　D. 以完税证代替贴花

三、多项选择题

1. 下列选项应申报缴纳印花税的有（ ）。

A. 一份凭证应纳税额超过 500 元以上　　B. 核定征收印花税企业

C. 同一种类纳税凭证频繁贴花的　　D. 大型企业

2. 印花税“三自”缴纳办法是（ ）。

A. 自行计税　　B. 自行购花

C. 自行贴花　　D. 自行申报

6.6 印花税的纳税期限和纳税地点

一、判断题

1. 在国外签订，在国内使用的应税合同，其纳税义务发生时间为合同签订时。

（ ）

2. 印花税一般实行就地纳税，但对于全国性商品物资订货会上所签订的合同应缴纳的印花税，应由纳税人回其所在地后即时办理贴花完税手续。 （ ）

3. 凡多贴印花税票者，不可申请退税，但可申请下期抵扣。 （ ）

二、单项选择题

1. 印花税应税凭证应按照《税收征管法实施细则》的规定保存（ ）年。

A. 3　　B. 5　　C. 8　　D. 10

2. 跨地区经营的分支机构使用的营业账簿，在（ ）计税贴花。

A. 分支机构所在地　　B. 总机构所在地

C. 税务机关指定的地点　　D. 企业自行选择的地点

三、多项选择题

1. 印花税在书立或领受时贴花是指（　　）。

A. 合同签订时　　B. 书据的立据时

C. 账簿启用时　　D. 证照的领受时

2. 对核准实行汇总缴纳的单位，应采取的措施有（　　）。

A. 发给汇缴许可证

B. 核定汇总缴纳的限期

C. 要求纳税人定期报送汇总缴纳印花税情况报告

D. 定期对纳税人汇总缴纳印花税情况进行检查

6.7　印花税的税收征管

一、判断题

1. 对已经贴花的凭证，凡修改后所载金额增加的应对其增加额补贴印花。（　　）

2. 按比例税率计算纳税而应纳税额又不足一角的免纳印花税。（　　）

3. 对财产租赁合同的应纳税额超过一角但不足一元的，按一元贴花。（　　）

4. 同一凭证由两方以上当事人签订并各执一份的，由某一当事人就凭证所载金额全额贴花。（　　）

二、单项选择题

1. 地方税务机关核定征收印花税，应根据纳税人的（　　），确定科学合理的数额或比例作为纳税人印花税计税依据。

A. 同行业合同签订情况　　B. 纳税人各期印花税纳税情况

C. 实际生产经营收入　　D. 纳税人改正错误的态度

2. 地方税务机关核定征收印花税，应向纳税人发放核定征收印花税通知书，下列不属于注明事项的是（　　）。

A. 核定征收的理由　　B. 核定比例

C. 核定征收的计税依据　　D. 规定的税款缴纳期限

三、多项选择题

1. 下列关于印花税纳税贴花的表述中，正确的有（　　）。

A. 签订应税凭证后，凭证生效之日起贴花完税

B. 多贴印花税票者，不得申请退还或抵扣印花税

C. 已经贴花的凭证，修改后所载金额增加的，其增加部分应补贴印花
D. 企业启用新账簿后，实收资本和资本公积两项的合计金额大于原已贴花金额的，仅就增加的部分补贴印花

2. 下列凭证免纳印花税的有（　　）。
A. 个人将财产赠给政府所立书据
B. 农民销售粮食给军队食堂的销售合同
C. 企业改制中经评估增加的资金
D. 企业改制签订的产权转移书据

3. 下列各项中，符合印花税有关规定的有（　　）。
A. 应纳税凭证所载金额为外国货币的，纳税人应按照凭证书立当月1日外汇牌价折合人民币，计算应纳税额
B. 同一种类应纳税凭证，需频繁贴花的，应向当地税务机关申请按期汇总缴纳印花税
C. 凡汇总缴纳印花税的凭证，应加注汇缴戳记、装订成册，将已贴印花或者缴款书的一联粘附册后，盖章注销，保存备查
D. 纳税人拒不提供应税凭证，税务机关可以核定印花税计税依据

4. 下列选项中，按照现行制度规定，应当免征印花税的有（　　）。
A. 商品储备管理公司承担商品储备业务过程中书立的购销合同
B. 金融机构与小型微型企业签订借款合同
C. 高校和学生签订的学生公寓租赁合同
D. 记载两个以上经济事项的合同